东汉的那些

将军

高慧超◎著

中国言实出版社

图书在版编目（CIP）数据

秦汉的那些将军／高慧超著. —北京：中国言实出版社，2014.9

ISBN 978-7-5171-0841-2

Ⅰ. ①秦…　Ⅱ. ①高…　Ⅲ. ①将军-人物研究-中国-秦汉时代　Ⅳ. ①K825.2

中国版本图书馆 CIP 数据核字（2014）第 218933 号

责任编辑：郭江妮

出版发行	**中国言实出版社**	
	地　址：北京市朝阳区北苑路 180 号加利大厦 5 号楼 105 室	
	邮　编：100101	
	编辑部：北京市海淀区北太平庄路甲 1 号	
	邮　编：100088	
	电　话：64924853（总编室）　64924716（发行部）	
	网　址：www.zgyscbs.cn	
	E-mail：zgyscbs@263.net	
经　销	新华书店	
印　刷	北京毅峰迅捷印刷有限公司	
版　次	2017 年 7 月第 1 版　　2024 年 1 月第 2 次印刷	
规　格	710 毫米×1000 毫米　1/16　15 印张	
字　数	160 千字	
定　价	58.00 元　　ISBN 978-7-5171-0841-2	

前　言

　　那是一个波澜壮阔的时代，那是一段惊心动魄的历史。战国末期至西汉时期，是中国封建体系迈向黄金时代的重要基石。江山如画，一时多少风流人物，拔剑长啸，不饮热血岂甘回鞘。频繁而惨烈的战争，就像蜕变的剧痛，使得华夏文明在浓烈的硝烟中蹒跚前行。战争是政治的延伸，朝堂上的暗斗和沙场上的血战都有遵循着利益的线索。虽然厚重的时光尘埃缓缓落下，为我们看清历史蒙上了一层朦胧的纱，但人性的选择，却能够穿透这层厚厚的迷雾，还原最为真实的历史。

　　本书选取了约公元前300年（大致为秦昭襄王执政期间）至公元150年（西汉武帝刘彻年间）间十位具有独特人生经历和在军事领域方面具备开一派之先风范的知名将领，探究他们的人生经历和相应的战争之紧密联系的因果缘由，扣问历史的真相和人性的多面，再问天下谁是英雄和英雄何处无觅。白起真的是个杀人不眨眼的冷血屠夫？蒙恬的罪过真的是挖断了大秦王朝的地脉？老将王翦到底是不是只因六十万大军实力碾压了楚国？项羽凭什么脱颖而出名传千古？韩信的结局真的是帝王无情所致？鲁莽的樊哙真的只是一介武夫？游击战争的鼻祖彭越出身草莽，为什么有着如此先进的战争理念？卫青、霍去病是不是对匈战争的真正英雄？结局悲壮的李广到底代表了怎么样的信念？

生活在现代的我们，或许处于一个最好的时代，但也处于一个最坏的时代；或许这是一个快速发展的时代，也是一个功利的时代。高速向前奔跑的世界强迫所有人跟随着它疯狂的脚步，如逆水行舟，不进则退。战争的形式在变，战争的本质没变。我们在商界、贸易、外交、政界等领域的新闻报道亦或现实竞争中都会看到貌似残酷的厮杀和搏弈，不管结果是输赢、成败，人们都在经历和面对。然而我们从来不会因为美梦的虚幻而放弃做梦的权利。我们压抑着自己，把哭声调成静音，但是并不意味着，我们不渴望阳光，不需要英雄。

现代社会，知识的存储并不像曾经那样的重要，新的科学技术给了我们更多获取信息的渠道和便利，对于知识的检索解析能力则日渐重要。历史的信息如此纷繁混杂，然而并不是所有的故事背后，都如我们所看到的那么简单。于是重读历史，再现历史，各种解读和阐释便层出不穷，然而，哪一个更可信呢，最能折服你打动你的是哪一种说法呢？这，也需要你的思考和辨别。

谨以此书，为您展现一个被纷杂表象和厚重时间掩盖的真实历史，那些曾经的英雄，或许依旧活在每个人心中。战争之所以残酷，源自胜败，时光之所以可怕，只因漫长。

天地万物，尽有道法，愿这本书，与您携手，品味英雄之道。

目　录

世间多少丹青手，从来君心画不出——白 起

白起，战国四大名将之首，其余三人是李牧、王翦、廉颇。十五岁从军，在新城之战中因作战英勇受到秦臣魏冉的关注和举荐，随后，伊阙（今河南省洛阳市龙门镇）之战，以寡敌众，大获全胜，歼灭韩魏联军二十四万。鄢郢（指楚都）之战，用决堤水攻楚国重镇鄢城，淹杀城中数十万民众，挥师东进，击溃楚军主力十余万，攻陷楚都郢城，火烧楚皇族宗庙及夷陵等，声威大震，受封武安君。长平之战，重创赵国主力，坑杀降卒四十余万。据史料记载，战国时期全国总计伤亡人口达两百余万，其中近半数伤亡由其征战而致。后受到秦昭襄王猜忌，伏剑自杀。如此人物，究竟是"战国军神"还是"冷血屠夫"？

皇族还是平民?

春秋战国,明争暗战,勾心斗角,征战不休,富庶灵秀的滨海东齐、勇武善战的北地燕赵、拥地千里的江南强楚,一个个烟消云散,最终,关中的秦人笑到了最后。尘埃落定,回首思量,数代秦王励精图治,勤勉治国,才奠定了始皇帝最终吞二周而亡诸侯,履至尊而制六合的坚定基石。一个当年被西北游牧民族骚扰欺辱、被山东诸侯看不起的边陲小国,粗鄙诸侯,却迈着稳定的步伐,一步步问鼎天下。这其中,有几代明君发愤图强,有多智谋臣殚精竭虑,自然也有忠贞猛将浴血沙场。

周幽王为博美人一笑的烽火,点燃了重新分配权力的狼烟。天下大乱,兵戈四起,或许,这祖上替舜驯兽的秦人,骨子里也慢慢沾染上了凶戾的气息。封地陇西,也正应了五行中西金锋锐之说。当然,秦人彪悍凶狠的传统不光是对外,对自己人,也是如此。

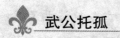 **武公托孤**

大秦王宫昏黄的灯光随着夜风摇曳着,内侍和太医脸上却挂

着细密的汗珠。

"寡人一生戎马，不甘在这关西偏安一隅，为大秦南征北战，开疆拓土。即位元年，亲领铁骑攻杀彭戏氏，立马华山；当初大庶长弗忌、威垒和三父祸乱朝纲，废寡人太子位，立出子为君又害之，寡人重定乾坤，杀之，灭其族；十年，率军大破邽、冀两地戎族，划其地为我秦县；次年，又置杜、郑两地为县，并灭亡小虢国。今日，许是寡人广造杀孽，合当去向祖宗谢罪了吧……"

武公喃喃自语，满室的药香混杂着咳嗽喷出的血沫，眼中的神采渐渐暗了下去。武公是宪公的长子，有德公和出子两个弟弟，出子已死；有一子名白。

几位妃子跪在门外，嘤嘤地哭泣着，公子白也在门口来回踱步。

"大王宣王弟、公子白、祭师等进见！"

侍者颤抖的声音传来，几人赶快走了进去。

"白，寡人身在其位，自认不愧对我大秦列祖列宗，寡人一世英武，呼风唤雨，虽然失去了很多，但也得到了不少，过得不悔，但寡人希望这王位，你不坐也罢。出去吧！"

"儿臣不怨，父王只是倦了，莫要伤感，且好生调养，儿臣着人请的名医，正在路上了！"

"去吧，去吧，雍地岐山县平阳不错，你且去散散心吧，寡人自有定夺。"

公子白擦了擦泪水，磕了几个头，出了屋子。夜风如刀，笼罩在夜色下的皇城，似乎有了一股难言的味道。他的步子愈发轻快，向着宫外走去。

宫内，武公望着二弟德公，不由想起了死去的三弟，又是一番叮咛：

"寡人一生，杀人无数，从未惧过，这些年来，寡人时常能梦见老三，他说他很冷，很孤独，很想我。我们三个生在这里，虽母不同，却是一父，我等虽是锦衣玉食，却也丢了不少寻常人家的情谊，你我兄弟也曾明争暗斗，你从小不喜说，却心中有数，但你我，生是大秦人，死是大秦鬼。寡人也清楚，待我去后，你乾纲独断，这大秦交到你手里，心安了！但我此时以兄长身份，一事相求，公子白，就让他去吧，岐山县很好，他也很好，寡人不舍得。"

"老三不幸，你我亦各自惋惜，当年你诛灭弗忌等人三族，我也不愿再说起什么，既然大王命我承位，我必当尽心竭力。他不错，既然你已开口，我这次，听哥哥的。"武公弟弟听了急忙回应。

武公笑了，紧接着是一阵剧烈的咳嗽。

"寡人，也怕如老三一般，感到冷，感到孤独啊。传令，有些人，寡人不舍，料想他等也不舍得寡人，就陪寡人去吧，寡人也觉得岐山县很好，去那里吧。"

秦武公安排好了后事，撒手人寰，其弟秦德公继位，按照兄长遗命，令王妃贵族等六十六人殉葬，首开活人殉葬之风。武公之子白，没有继任王位，举家迁往平阳。

> 二十年，武公卒，葬雍平阳。初以人从死，从死者六十六人。有子一人，名曰白，白不立，封平阳。立其弟德公。
>
> ——《史记·秦本纪》

公元前677年，秦德公三十三岁即位，赐公子白平阳封地。随后在雍城大郑宫，宰杀牛羊猪各三百头在鄜畤祭祀天帝，命人占卜凶吉，卦象呈吉，卜官禀告，曰此地可向东开疆拓土，饮马黄河。同年，梁君、芮君入秦朝贡。

即位第二年，德公历法中设立伏日，正是今日"三伏天"之由来。可惜，世事如棋，同年，秦德公病逝。

在位不足三年的他败给了时间。在其身后，三个儿子都相继成为国君，即宣公、成公和穆公。

少年白起

到了平阳的公子白，改王族姓氏，自姓为白。

此后，经历"秦三公"（即穆公、康公、共公）以后秦国几代君王，一直到秦孝公嬴渠梁、秦惠王嬴驷这一时期，白家已经过了三百多年。

时光荏苒，白家也不复当年，但还好，骨子里尚武的血脉并未冷却。白家子嗣，也有不少，投在军中。有一年，白家又多了个男孩儿，父亲觉得此子天资甚好，取名"起"。

白起并不如其他白氏子弟一般粗犷豪勇，反而沉默寡言，喜爱看书，尤其是兵书战册。每每家里人找不到他，总会在岐山边，看到小白起默默地用石子木条，比比划划，按着岐山的地形，排兵布阵，问起来，却又不说。

大家都不喜欢看那些兵书战册，有什么用呢，看起来头疼，不如抄起长戈，冲锋陷阵来得痛快。就是这些乡人眼中的"阴诡谋术"，小白起居然能耐得住性子，一看就是很久，乡亲们顿觉小白起很了不起。

当然，白起依旧是要习武强身的，毕竟这乱世中说不定哪一天就要去打仗了，光看书没有一副好身体有什么用呢，不如有一身好武艺，更能得到大人们的赏识。但是小白起还是喜欢兵书，家人见他也没有误了习武，就默许了。

于是小白起就这样一边看兵书，一边习武，默默地，就像当初他的祖上来到这里改了王族姓氏一样，度过了他的童年生涯。

这年，白起十五岁了，就像他的父辈一样沉默着，来到军营，投了军。

乱世的战争很频繁，大家不知道为什么而战，反正军官下了命令以后，大伙奋力拼杀就是了。长戈上的缺口越来越多，铠甲上的裂痕更加明显。当初一起投军的乡亲朋友们，说不定哪一天出战，就没有回来。

白起有着关西汉子共有的坚韧和勇敢，他一如既往地沉默着，拼杀着。起初，当早上一起冲出去的弟兄，回来后却忽然不见了的时候，他还会感到伤悲。可后来见惯了生死，那份生离死别的感慨，也就淡了一些。渐渐的，他发现了一个问题：有时候明明前面是一个明显的陷阱，可带队的军官们还是很勇猛地发起进攻，并冲在大家前面，最后的结局无疑死伤甚多，即使胜利，也是惨胜。这种情况多次出现后，让白起明白，这些军官大人们似乎不懂得谋略，只知道带领着大家，义无反顾地冲入敌人的圈套。

也许是为了减少伤亡，也许是为了证明自己的判断，于是他开始悄悄地给军官们讲出他的观察，结果，他们多次获胜，且越来越多的兄弟们保住了性命。并不太懂得谋略计策的淳朴军人们觉得，白起很不一般，跟着他冲杀，往往能够轻易地打败敌人。

白起的长官也发现了这一点，这个沉默但不一般的年轻人，出谋划策可以为他们指引方向，为他们带来胜利，减少伤亡。于是，一个勇猛机智沉默的士兵渐渐开始进入军队的指挥系统并且凭着实打实的军功和出色的头脑，成了一个小军官。

战争还在继续，小军官白起在一群彪悍憨朴的汉子里显得很特殊，大家想法很简单，跟着能打胜仗的军官显然比跟着糊涂虫要好得多。毕竟在这残酷的战场上，失败就意味着死亡。从军卫国，是男儿责任，当家园和亲人们需要鲜血来守护的时候，这些汉子们无人后退一步。但是，当可以用微小的伤亡取得胜利的时候，又有谁能拒绝呢？

伯乐还是萧何？

公元前 311 年，秦惠王死后，秦武王即位，虽然他没有长辈秦武公那般睿智，但这位孔武有力的君王，还是有着争霸天下的野心。

秦武王身高力壮，勇猛好战，平蜀乱，设丞相，拔宜阳，置三川，更修田律，修改封疆，疏通河道，筑堤修桥。大秦帝国在他的指引下，高速而疯狂地前进着。

❧ 武王失足

当年辅佐齐桓公成就了一番霸业的名相管仲曾经说过：上好之则下效之。当这样一位力大勇猛的武王开始背负起大秦帝国的梦想时，同样也需要有善战的将士和博学机敏的谋臣。

因为秦武王崇信勇士，所以朝堂之上，有凭着力气大就做了高官的任鄙、乌获、孟说等人，然而，这些身强力壮的武士并不具备帮助武王实现梦想的才识和谋略。一个人可以用力气挥舞起沉重的兵器，却扛不起沉甸甸的霸业。而此时的白起，依旧默默无闻地做着他的小军官。

当秦帝国取得了一连串军事胜利后，秦武王觉得他似乎已经触摸到了几代秦人的梦想。他急匆匆地来到周天子面前，看着象征着权力和霸业的龙纹赤鼎，再也无法掩饰自己激荡的情绪。

然而沉重的青铜鼎砸断了他的大腿，或许青铜鼎很重吧，但是更沉重的，应该是几代大秦人的梦想。

武王意外身死，大秦一片混乱，外有列强蠢蠢欲动，内有众皇亲争位，岌岌可危，风雨飘摇。此时，被派去燕国做人质的公子稷，在赵武灵王的支持下回到秦国，大臣魏冉雷厉风行，迅速诛杀惠文后和其他争位的王室，成功地控制住了即将混乱的局势。在魏冉的扶持下，公子稷登上了帝位，史称秦昭襄王。一时间，魏冉权倾朝野。

秦昭襄王九年（公元前298年），齐、韩、魏三国攻秦，联军一路西进，恢弘坚固的函谷关和浴血奋战的关西汉子们，也没能抵挡住数倍于己的敌人。兵临城下，秦人割地请和。

秦军战败，丧失家园土地的屈辱，随着凛冽寒风中渐渐干枯的尸骨以及泣血痛哭的父老乡亲，激起了白起深藏于内心的对于胜利的渴望。由于在之前的混战中，奋力搏杀又不乏谋略的白起带领着他的小分队，在全军失利的大局势下，依然保持着足够强大的战斗力顽强地抵抗。所以，这支小分队的指挥官白起，引起了魏冉的注意。

此时，整个秦帝国在群狼环伺的危险局势之下，没有人顾得上内斗，因为，他们即将面对来势汹汹的可怕敌人，毕竟任何一个臣子都不希望国家灭亡。于是，白起为将顺利出征没了阻扰。毕竟，如果秦军战败，覆巢之下，焉有完卵。何况，敌强己弱，局势危急。

几次相谈之后，魏冉认定白起确有真才实学，可堪大用，于是，他向昭襄王举荐了白起，就此，白起登上了历史的舞台。

❧ 白起为将

秦昭襄王十三年（公元前294年），赵国发生宫廷内乱，秦军在北方的压力得到缓解，秦昭襄王决定出兵讨伐韩、魏，以报当年割地迫和之仇。朝堂之上，在魏冉极力推崇下，白起官拜左庶长。年轻的白起没有辜负重臣的举荐和君王的信任，整支军队燃烧着熊熊的复仇烈焰，白起所部士气正旺休整完备，顺利击败韩军，攻陷新城。

秦昭襄王十四年（公元前293年），秦国西北方义渠部在赵国的暗中支持和授意之下屡屡入侵，连续牵制和侵扰着秦帝国的后方。同时，韩国名将暴鸢和魏国名将公孙喜率军攻秦。为征战御敌，昭襄王原定名将向寿领军出战，魏冉以身作保，同时请动宣太后芈八子出面，力排众议，任白起为将。

白起率秦军在伊阙集结，此时的兵力却不及韩魏联军的一半。

韩魏联军兵强将勇，战功赫赫。领军将帅更是久经沙场，经验丰富。这支部队，西，曾攻破函谷，逼秦割地；南，亦击败垂沙楚军，血流成河。而且兵器也是用的当时武器铸造水平最高的韩国生产，军械精良。一时间剑拔弩张、战云密布。

面对如此险境，秦军将官多主张据险死守，等待支援。而此时，年轻的将军白起，却扬鞭跃马，拔剑出鞘！

进攻！

白起调兵遣将，身先士卒，几次试探攻击之后发起进攻号角。为了保卫家园、守护亲人的秦军浴血奋战，爆发出了惊人的战斗力。面对联军，竟然不落下风。一时间，士气大振，将士用命，争先奋勇。局面就在将士们以为要逆转的时候，白起却下达了所有军士都不能理解的一道命令：回城坚守！

在众将困惑的目光中，白起默默地回到了军营。

空气中弥漫着洛水湿润的味道，忽明忽暗的烛火在营帐中跳跃着，角落里锋利的长戈上血迹渐干。白起坐在帐中，给魏军统帅公孙喜写了一封信，大意如此：

> 贵部深入韩境，甲士虽众，将军虽勇，却依旧是异地作战，难得补给，至此乱世，岂能有永久之盟誓？中原虽广，又何必有两主浮沉？我部虽寡，却皆怀死战之心，秦地虽广，却无后退之路。今公孙将军挥师纵横数千里，难不成只求魂在异乡几十年？
>
> 韩军虽有良弓劲弩却无决死之勇气，虽有精甲坚盾却无拼杀之大志，韩国亦本非是良善之帮，多有奸佞搬弄之小人。今末将白起，世受大秦俸禄恩重，无以为报，必效身捐国，死而无憾，所部军士，亦愿以颈中热血，尽染洛水。起素来敬仰公孙将军，今一死尔，难以兼顾身后之事，起愿率所部，与韩军死战成仁，待我两部战后，将军西可进兵，返可取韩，建不世之功，且为起仰慕将军，以命为礼！

随后，白起又继续给韩军统帅暴鸢修书一封，大意如此：

> 将军暴鸢将八万精锐之师，联魏军十六万披甲虎狼，犯我秦境，今起麾下数万老卒，势难挡贵军西征之路。然大秦江山，寸土寸血，父老乡亲，舍命守之。今日，直面贵军锋

锐，长弓利刃，兵精将勇，而我部孱弱，两股战战，然却亦愿以死搏之，今起已修书魏军公孙喜，公孙将军愿全我等成仁之义。秦地荒芜蛮野，我等从未知有取义成仁之美谈，得公孙将军大义，方之世间从军之人，战死犹荣。故起愿率残兵老卒，与将军决死一战，一可全白氏历代受秦王厚禄之忠义，二可圆起与当世英雄一搏之梦想。望将军勿要推辞，他日阵上相见，起以血肉做利刃，全将军善战之凶名！

随后，白起下令将旌旗营寨全部向韩军方向调动。

公孙喜和暴鸢两人收到书信后，各自冷笑。韩军如临大敌，谨慎布防。秦军表面摆出与韩军决一死战的架势，暗中却调动部队，兵分三路，主力绕至魏军侧翼，边锋埋伏于韩魏联军连接要路，一支小股部队，在韩军主营前，专司摇旗呐喊，佯攻声势。

夜渐深，风乍起，星摇月动，一场倾盆暴雨，似是银河决堤，忽听一声惊雷！

白起率几万秦军主力，突袭魏营十六万大军！魏军猝不及防，迅速向韩军方向溃败，又中伏兵，一片大乱，正面佯攻秦军小股，人喊马嘶，声势骇人，韩军营中一时间人心惶惶。公孙喜急向韩军求援，韩军告之：我部正面，有大股秦军跃跃欲试，故坚守主营，无力救援。

公孙喜所部魏军，先被突袭，又中伏兵，腹背受敌。此时有魏军将官组织反击，白起身先士卒，浴血奋战，连斩数将，魏军溃败如潮，混乱中冲入韩军主营，联军阵脚大乱。秦军势不可挡，一路将韩魏联军向偃师一带驱赶，漆黑雨夜，秦军将士个个恍若疯狂，浑身浴血，竭力追杀，联军纷纷投水逃命。正值暴雨，河洪大涨，投水者九死一生，公孙喜拼死抵抗，身受重伤被俘，韩将暴鸢在数名亲兵舍命保护下逃生。二十四万韩魏联军，兵败如山，秦军趁势连克五城，强渡黄河，兵锋所指，韩魏请和，白起因功，受封国尉。

秦昭襄王十五年（公元前 292 年），白起升任大良造，领大军东征，连破魏军六十一城。

秦昭襄王十六年（公元前 291 年），白起与客卿司马错联合攻下垣城。魏国割地请和，秦驱赶城中难民离乡背井，逃难回魏。

名将还是屠夫？

秦昭襄王二十一年（公元前 286 年），白起领兵伐赵，攻破军事重镇光狼城，斩首两万，而这场战争，为随后战国时期最惨烈的一场大战——长平之战，埋下了伏笔。

秦军兵锋所指，诸侯莫不如鲠在喉，与其引颈就戮，不若先发制人！于是，楚襄王联合诸侯，以楚怀王中计客死秦地为由伐秦。

共谋伐楚

一时间联军势大，秦昭襄王请白起进见，共商战事。

"寡人闻楚国地大，东西绵延数千里，士卒百万，今欲伐我，何如？"

"楚军不足为惧！"

"寡人思量，欲破楚军，须有精兵五十万，大良造亲率，方能克敌。"

"不必，起愿领精兵数万，即能破楚！"

"寡人不解，为何楚军百万，楚地千里，将军数万即可破之？"

"楚地虽大，其政昏聩，楚军虽众，其力不凝，襄王无道，民心涣散，此楚必败之一也。"

"伊阙之战，韩魏大败，再无力争锋天下；乐毅破齐，田单复国，而齐元气已伤，况齐楚之盟曾因张仪之策而断，两国各自心思；赵军光狼城一败，齐、燕战事足可令其无力脱身。秦楚战端一开，楚虽遣说客游劝诸侯，必无外援可救，此楚必败之二也。"

"楚地山水纵横，地广人众，若步步为营，寸土相战，则徒劳师无功矣，我部秦军，西破巴蜀，已取江汉上游，顺势而下，可攻取之路众多，楚军难防，正可谓无处不备，则无处不寡，我部秦军，因地利，即可局部占优，歼而游击之，一路突进，直取王城，则楚必败亡！"

秦昭襄王二十八年（公元前 279 年），白起由蓝田，过商地，经丹水流域出武关，再顺汉水而南，掠取汉水粮草补给军需，突入楚境。途中，白起令军士过河拆桥毁船，自断归路，以示死战之心。

🌸 水淹鄢城

秦军长驱直入，白起下令：军有所不击，城有所不攻！不计一地一城得失，闪电突进，直抵楚军重镇、郢都门户鄢城。白起下令，在鄢城西百里处筑堤蓄水，随后开堤灌城。鄢城东北角溃破，城中军民溺死者数十万，尸身腐烂，其臭漫天。

> 白起攻楚，引西山长谷水，即是水也。旧堨去城百许里，水从城西，灌城东，入注为渊，今鄾斗陂是也。水溃城东北角，百姓随水流死于城东者，数十万，城东皆臭，因名

其陵为臭池。

——《水经注》

一时间天下噤声，白起所部气势如虹，楚军心神为之震慑。

随后秦军乘势攻破鄢地。白起请秦王调秦囚徒亡命之士，占攻伐楚地。次年，白起挥军东进，势如破竹，一举攻破楚都郢。楚顷襄王兵败，向东北方溃逃。随即白起率军西取夷陵，焚毁楚先王宗庙，向东乘胜攻取安陆，南下洞庭湖边，楚地千里哀歌，残兵流民四野奔逃，楚国名士屈原流放中听闻战事之惨烈，悲愤交加，当年农历五月五日，抱石自投汨罗江，后世称"端午"以祭之。

至此，楚军一蹶不振，再无逐鹿天下之力；忠良屈子抱石投江，何处再寻楚歌绝唱！

破楚战后，白起受封武安君，睥睨天下，诸侯惶恐。谁能料知，强如南楚，千里之地，百万雄师，竟难挡白起数万精兵三年，宗庙被焚，先陵遭祸，一时间，群雄噤声。

上党之争

秦昭襄王三十四年（前274年），白起率军攻韩，伏击前来救援之赵魏联军，大破联军于华阳，掳获韩、赵、魏三国大将，斩首十三万，魏将芒卯败逃。又与赵将贾偃交战，溺毙赵卒二万人。

秦昭襄王四十三年（前265年），白起攻韩国陉地（今河南偃城），攻陷五城，斩首数万。

秦昭襄王四十四年（前264年），白起攻韩国南阳太行道，兵断太行，次年，韩王入朝请服。

由于上党通往都城的道路已被绝断，驻守于此的郡守冯亭率众降赵。赵孝成王认为白白得来的土地怎有不要之理，于是接受降地，封冯亭为华阳君。秦昭襄王大怒，前260年，派左庶长王龁攻韩，夺取上党。上党的百姓纷纷逃往赵国，赵国启用老将廉颇，屯兵长平，以便镇抚上党之民。就此，拉开了长平之战的序章。

起初秦军几番攻打，老将廉颇令士兵固守营垒，坚守不出，以逸待劳，以微小损失的代价逐渐稳住阵脚，在长平附近，与秦军成相持之势。

秦军多次挑战，赵国却不出兵。为此，赵王屡次责备廉颇。同时，赵王对秦是战是和摇摆不定，先派使臣入秦，又派出说客向齐、楚、魏等诸侯求援，共抗秦军。

秦王故意厚待赵国使臣，对外散布消息称秦赵两国已经议和。齐楚等诸侯本欲兴兵救援，闻听两国议和，恼羞之下，驱逐赵使，不再发兵相救。秦国见外交孤立战略达到效果后，当即拒绝赵使议和提案。

当赵括相遇白起

此时，赵国名臣蔺相如病入膏肓，赵奢、廉颇亦已垂暮之年，而赵国名将赵奢有子名括，幼读兵书，精于谋略，兵棋推演战事相辩，无人能胜。秦相范睢派人携千金向赵国权臣行贿，用离间计，散布流言说："秦国所痛恨、畏惧的是马服君赵奢之子——赵括；廉颇容易对付，他快要投降了。"赵括之母与蔺相如均劝谏赵王不可中秦反间之计，赵王不听，临阵换将，命赵括替代廉颇率兵击秦。

赵括为将后，一反廉颇的部署，不仅临战更改部队的制度，而且大批撤换将领，使赵军战力下降。秦昭襄王嬴稷见赵王中了计，暗中命白起为将军，总揽全局。

秦赵两国长平相持，各自换将，秦以武安君白起替宿臣王龁，赵以马服君之子赵括替老将廉颇。白起初至前线，赵军如临大敌。赵括虽自大骄狂，但他畏惧白起为将，所以秦王下令："有敢泄武安君将者斩。"白起面对鲁莽轻敌、高傲自恃的对手，决定采取后退诱敌、分割围歼的战法。

随后，白起故布疑阵，令秦军佯装战败溃退，赵括遣兵追击。

赵国内欢呼声起，武安君凶名，威震天下，赵括初领大军，力挫白起，意得志满。赵王亦认为白起并非不可战胜，加之北方胡人骚扰日益严重，国内不稳，向齐借粮未遂，军粮告急，于是赵王下令赵括在军粮告匮之前，与秦军决战。此时，赵国名臣蔺相如病逝。

暂时的胜利让被秦军压迫下的赵军失去了谨慎，外交策略的失败导致了前线军队后勤补给出现重大问题，国内名相的去世也令全国上下行政体系出现了短暂的混乱，北方南下骚扰的游牧民族更是给整个赵国的军事体系施加了极大的压力。

突进的赵军一路高歌猛进，兵锋直指秦军本营。秦早有准备，壁垒坚固不得入。以往一触即溃的秦军忽然变得难缠起来，赵括绞尽脑汁几番攻打，却未能突破秦军防线。此时，白起暗中派遣精兵数万，一路急行突进，将赵军两部主力分隔开来，又用轻骑兵为机动，切断赵军粮道，正面战场则依托地势固守，不时以精锐小股部队突袭骚扰。赵军久攻不下，首尾分离，军粮告急，前有秦军固若金汤之防线，后有机动骑兵骚扰粮道，进退不得，军心动摇。

赵军的战势危急，只得筑垒壁坚守，以待救兵。

秦王听说赵国的粮道被切断，亲赴河内郡战场，赐封当地军民，每人升爵一级，并举倾国之力，调全国十五岁以上青壮年，补给本军，骚扰敌国。

赵军被困四十余天，弹尽粮绝，赵括兵分四路，轮番突围未果，后整全军精锐，亲自率部突围，死于乱军之中。主帅战死，溃败赵军向白起所部投降。

这几十万降卒，该如何处理？

释放？此役战死秦军将士劳师远征，伤亡过半，魂葬异乡。

重编？赵人彪悍善战，又多奸猾，本部寡而降军众，且国内军政补给亦受严重冲击。

一句话，养不起，也不敢养。

于是，战国中最大规模的一次屠杀战俘行动，开始了。

白起下令：引赵军降卒入山谷整编，择其中弱冠少年，放归。待赵军被赶入狭长山谷后，封死谷口，放箭推石，尽数坑杀！

数十万降卒遭到了早有蓄谋的血腥屠杀，仅二百四十余少年得以归国。后世有记载称：长平之下，流血成川，沸声若雷！

经此一战，天下震惊，两军交战，沙场殒命，各有天定，不以怨恨，而赵军既降，却被敌军尽数屠杀，诸侯恐慌。此役之后，那个沉默的将军白起，人屠凶名之胜，闻者色变。

随后白起率部突进，兵困邯郸，欲携长平一战大胜之势，赵军人心惶惶之时，一举灭之。韩国和赵国惊恐万分，用重金贿赂秦相应侯范雎，许以割地称臣，请服议和。

白起得知后，力谏秦王，攻破邯郸，灭赵之战，机不可失，然而，自古帝王之心，又有几人看透？白起功高名重，领袖秦军，声威势大。故秦王下纳丞相范雎之言，以秦兵疲惫、急待休养为由，允许韩、赵割地求和。至此，范雎与白起之间，出现了军政体系之间的第一次分歧。

有罪还是无罪？

至此，长平之战落下了帷幕，可怜沙场河边骨，谁是深闺梦里人？四十余万赵军的鲜血染红了大地，燃烧的军旗点燃了秦赵两国百姓心中仇恨的烈焰。断壁残垣，断戈裂甲，无声地诉说着惨烈战争带来的彻骨伤痛。

大获全胜的秦军，也同样损失惨重。夜风如刀，白起策马回首，淡淡的月光洒满了将士征衣，远处自己下令坑杀降卒的山谷中，血腥味儿飘出很远。此次回师，已彻底失去了歼灭赵国的战略时机。这次屠杀降卒，就算是为了秦军殉难的将士们，祭奠吧。

疲惫的秦军缓缓回撤，鲜血和死亡给这支军队增添了肃杀的气息。也许每个战士、每个将军，都明白自己为何而战吧，每个埋骨异乡的英魂，也不曾后悔吧。

❧ 白起称病不再出山

白起回国后，有人告知，此次回师，正是有赵使劝说丞相范雎说："白起灭赵，秦帝势成，白起一生征战，功成名就，必将位列丞相之上，今赵国破势微，再无挣扎之力，必是纳贡称臣。如此，满朝文武，何人可与白起同班？又何必，使开疆拓土之丰功伟绩，尽数归于一嗜血莽夫，他人且罢，而堂堂丞相，如何自处？"

白起沉默了。

赵国使者说得没错，这是人心的筹码，自然比家国天下都要重得多。何况自己这一生，少年从军，南征北战，已位极人臣，此次再举兵灭赵，以何封赏？

秋风起了。

关西的秋天比南楚多了几分凛冽，叶子总会黄的，也总会落的，也好，没什么可伤感的吧，这棵大树，已经枝繁叶茂，少几条老枝，无关紧要。

颤抖的手握不住沉重的刀剑了吧，曾经清澈的眼睛，早已蒙上了淡淡的血色吧。沉默的少年，老了吧。

公元前 259 年，秦赵之间，兵戈再起，正赶上白起有病，不能走动。九月，秦将王陵率兵围攻邯郸，事关国家存亡，民族延续，赵地军臣百姓上下一心，同仇敌忾，殊死抵抗，王陵攻邯郸不大顺利。次年二月，秦昭襄王再遣重兵赴赵支援。邯郸城下，早成修罗屠场，血流成河。秦军损兵折将，难以破城。

夕阳染红了大地。

几个侍者来到武安君府上，请白起入朝议事。

"我大秦将士儿郎，浴血邯郸，埋骨异乡！武安君何忍？且亲挂帅印，马到功成，与寡人分忧，何如？"

"邯郸城坚池深，当年未能借长平之势一举破之，我军战后，若挟当时一勇之力，尚有一搏，回师议和，士卒疲惫，军威已泄，再起兵戈，徒增杀孽。且今天下诸侯恨秦久已，我军若越山河之远，伐他国皇都，行灭国之战，天下诸侯必不坐视，兴兵救时，我军必败！"

"武安君当年南征北战，何曾畏惧过兵戈杀戮，当年几万精兵，亦敢奔袭千里，破楚郢城，焚楚宗庙，今何故推辞至此？"

"臣已陈伐赵之弊，王圣贤宽悯，且容白某匹夫，静养病躯。"

君臣不欢而散。

秦昭襄王再度启用老将王龁，围攻邯郸，公元前258年，楚春申君与魏信陵君率诸侯联军数十万，兵发邯郸，大败秦军。

病榻上的白起叹息着，"秦王不听白某之言，至有如此大败，今日我大秦将士，冤魂何处！早知如此，当初何必有长平血战！"

秦王闻讯，勃然大怒！

王严令武安君，即刻出战，远赴邯郸，破敌凯旋！

白起自称病重。确实，他的心是有些累了，倦了，厌了。

范雎送来夺命宝剑

丞相范雎奉命探望白起，言语恳切，希望能劝说白起，挂帅出征。

白起看着这位丞相，思绪似乎回到了几十年前，丞相魏冉，一手提拔自己，从此就开始了金戈铁马的征伐生涯，那时候的自己奋勇征战以报丞相提携之恩，回头看看，也许那时魏冉丞相，这个朝堂之上的文臣，也是为了巩固地位、让自己死心塌地卖命罢。不曾后悔，因为那时候，他们个人的利益、理想，与这个国家的前进之路，是重合的吧。

今天这天下快要平定了，自己不过是一把刀罢了。或许魏冉当初没有提拔自己就好了，也就不需要背负着如此沉重的鲜血与性命，做一个小头领，带着几个兄弟，拼杀立功，到时候老了，挥不动刀了，就回来建个小祠堂，逢年过节拜祭一番当年的战友，坐在村口岐山那株老树下，几块腌肉，几杯浊酒，醉着，睡着，也挺好。

丞相范雎没能劝动那个沉默的老将。

公元前 257 年，秦军战况越发不利，邯郸城下，秦赵军民，冤魂盈天。秦王大怒，一道王令：大秦国，再没有了武安君爵位！普天之下莫非王土，率土之滨莫非王臣。士兵白起，即刻动身，国家有难，匹夫有责！

一个孤独的身影被落日拉得很长，他走得很慢，而大王也老了吧，病了吧，一颗怀疑的种子在愤怒中疯长，他催得很急。

秦王见白起行进缓慢，召丞相范雎前来问询："上次探访白起，到底是如何情形？"

范雎答曰："其意怏怏不服，有余言。"

其实秦王怎能不知将相失和，怎能不知范雎回报之言多有添油加醋之意。然而，大王想了想，咬了咬牙，取下自己佩剑，命人送与白起，令其自尽。

白起接过了君主的佩剑，抬起头看看，旌旗猎猎，似乎，他隐约瞧见了年轻的战士们眼中带着建功立业的希冀和懵懂；似乎，瞧见了家人面颊上横流的泪水；似乎，听见了说不完的嘱托和生离死别的不舍。似乎当年的自己，也是如此。

但白起已不是那个沉默寡言的将军了，他已经渐渐地和朝堂之上的明争暗斗挂上了千丝万缕的联系。以至于最后被逼自尽，也是因为将相失和，君臣离心。

固然，魏丞相的一力支持让白起迅速从基层军队中脱颖而出，然而，也就此让白起过早地开始接触了那个比函谷关更加险恶的战场。

恍若隔世。

"我白起一生，南征北战，上有开疆战功于宗庙家国，下有拓土之利于黎民百姓，为我大秦基业，出生入死，转战千里，大战七十有余，破城六十余座，也曾力挽狂澜于即倒，奋身扶大厦之将倾，新城伊阙尚有士人闻我之名不敢乱议，南楚长平还存蛮民见我军旗俯首称臣！于这家国天下，白起何罪？"

起风了，有几片枯黄的叶子，悄悄地落了。

老人低下了鬓角花白的头颅，喃喃自语，"或许，当年长平设计坑杀降卒数十万，使多少民家挂孝，几多寡母悲号，已够了死罪吧。"

似乎，有晶莹的泪水划过饱经风霜的面颊，沉默的老将颤巍巍地举起了君王的赐剑。那一刻，风，停了。

秦王使王龁代陵将，八九月围邯郸，不能拔。

楚使春申君及魏公子将兵数十万攻秦军，秦军多失亡。

武安君言曰："秦不听臣计，今如何矣！"

秦王闻之，怒，彊起武安君，武安君遂称病笃。应侯请之，不起。于是免武安君为士伍，迁之阴密。武安君病，未能行。居三月，诸侯攻秦军急，秦军数卻，使者日至。秦王乃使人遣白起，不得留咸阳中。武安君既行，出咸阳西门十里，至杜邮。

秦昭襄王与应侯群臣议曰："白起之迁，其意尚怏怏不服，有余言。"秦王乃使使者赐之剑，自裁。

武安君引剑将自刭，曰："我何罪于天而至此哉？"良久，曰："我固当死。长平之战，赵卒降者数十万人，我诈而尽阬之，是足以死。"

遂自杀。

——《史记》

天下，是大王的天下，不是苍生百姓的天下。诸侯纷争，朝堂之上，自有谋士唇枪舌剑，沙场之中，弥漫两军血雨腥风。从长久看，秦王用白起，征战天下，攻无不克，战无不胜，加快了这战国乱世统一的步伐，自古以来，止戈为武，战争的背后有着各方的利益与理想，当这理想浸透鲜血之后，人心中，铭记的是君王雄才大略，难以释怀的，是将军手中猩红的长刀。

惨烈的战争中，冤魂盈野，血流成河。武将败了，需要付出生命的代价；武将胜了，得到君王的褒奖，也得到了帝王的猜忌。手握重兵，功高盖世，对于武人来说，何尝不是催命的屠刀。帝王之所以自称寡人，除了寡德，也含着几分孤独的意思吧。

因为没有君王能够完全认同理想与道德可以束缚人的欲望和野心，信任和怀疑，都只在君王一念之间。当年脱离皇室的公子白走出了那座恢弘却冰冷的宫殿，失去了号令天下的权力，但又何尝不是远离了那君王最沉重的宿命！而一力举荐白起的丞相魏冉，何尝不是为了自己，决定了这沉默将军一生的命运。南征北战杀人无数的白起，背负着屠夫的恶名，行名将之事，推进了王朝更迭，纵然手中染满了鲜血，何尝不是彼之魔鬼，此之天使。

孤独是一味毒药，让伴君如伴虎；权力是杯毒酒，让人心之恶发作更快。这世上缺少的并不是忠诚，而是信任。

这真是——

自古功成祸亦侵，

武安冤向杜邮深。

世间多少丹青手，

从来君心画不出。

以众击寡平天下，以退为进得善终——王 翦

　　王翦，与白起、李牧、廉颇同列战国四大名将，横扫三晋，所向披靡。除李牧，破邯郸，报荆轲刺秦之仇，易水河大败燕代联军。待秦灭楚，主动要求以众击寡，临行，又五次讨要田产豪宅方才率兵出战，领大军南征，却按兵不动，在戏要谈笑中击败名将项燕，灭亡楚国。智而不暴，勇而多谋，待到天下平定，世家传承，功成身退，是中国历史上为数不多得到善终的传奇名将。

王翦靠什么打败了李牧？

　　战国年间，尔虞我诈，刀兵四起。关西秦国自公元前 356 年商鞅变法之日起，迈着坚定而沉稳的步伐，向着权力的顶峰缓慢前进。原本就悍勇的秦人，在内有新政改革带来的强大国力基础，外有死敌环伺的危险环境下，诞生了一批英勇善战的骄兵悍将。

　　上有所求下必应之，整个国家弥漫着血与火的味道，刺鼻的硝烟并没有带来恐惧，超前的法令制度让军功能带来的奖赏格外丰富。全国都以学习刀兵军策为潮流，秦国的年轻人们，自然也不会例外，他们渴望战争，渴望荣耀，愿意去学习兵法和战争的技巧。这样的大环境下，关中频阳东乡（今陕西富平东北一带）有个青年，熟读兵书，韬略娴熟，得到了秦王嬴政的赏识，脱颖而出。他，就是后世传说中，能够与武安君白起比肩的一代名将，王翦。

　　并不显赫的出身在秦国当时政治环境中并没有成为王翦前进路上的阻碍，反而培养了他沉静谨慎的良好性格，对于兵法战略的研究和实践成为了王翦最大的兴趣，而兴趣，在顺应时势的情况下，确实是最好的老师。勤勉的王翦心无旁贷，孜孜不倦地品味着战争的艺术，而国家的需求和他兴趣上的重合，让他得以学以致用，继而更加清晰地把握着时代的脉搏。

少年王翦以出色的军事素养得到了秦王嬴政的喜爱，而出身普通的他在熟悉战争本质理论和技巧的基础上，又能准确地了解士兵和中下层将官的心理。初次领兵，仅用了十八天，就润物无声地掌控住了整支军队，又力排众议，主动缩减士官规模，将不满俸禄百石的校尉全部遣回国内，只留下了真正精锐而士气高昂的小股部队。

❧ 初战赵国

公元前 236 年，秦国东进路线上的第一个强劲敌人——赵国，在各方说客的共同发力和挑拨下，与燕国爆发了激烈的冲突。骁勇善战的赵军大举出动，而与赵国同样一直与北方游牧民族不停争战的燕国，也并非是俎上鱼肉。燕军的战斗力在长年的战争磨砺下，丝毫不逊色于赵国，再加上家国存亡的危机，他们的战斗意志更加坚韧。赵军久攻不下，两方部队疲惫不堪。

> 赵人伐燕，取狸阳，兵未罢。
>
> ——《资治通鉴》

此时，养精蓄锐的秦军早已从当年邯郸兵败的伤痛中恢复了力量，复仇的烈焰熊熊燃烧，而赵国自长平之战的重创之后，虽然在秦国自身内部矛盾和各路诸侯联军的支援下击退了秦军，但是实际上早已元气大伤，并没有完全从惨烈的长平之战中复苏过来。

赵军在东方燕国战线的受挫情报传到秦国之后，嬴政下定决心，令王翦、桓齮、杨端和率军伐赵。王翦率领着士气高昂、渴望荣耀的精锐部队闪电突进。赵国虚弱的国力在王翦的猛攻之下暴露无遗，如同烧红的尖刀划过冻牛油，王翦兵出函谷，在不到两年的时间内，连破赵国九城，在你死我活的惨烈战争中，王翦以击溃和驱赶为主，稳步占领战略要地，不断驱赶败兵向赵国内部逃散。

王翦军势如破竹，桓齮、杨端和军自然也不甘寂寞，一路高歌猛进。秦军攻破平阳、武城，斩杀赵国大将扈辄，十余万赵军战死沙场。这支秦军凶狠冷酷的屠杀让赵国再一次弥漫着血腥的气息。而桓齮两人没有想到的是，如此杀戮却没能彻底摧毁赵国的抵抗意志。在不胜则死的压力下，秦军的推进不再顺畅，赵国为求生存逐步与其他诸侯国以及匈奴修复关系，调整部署，倾国之力，抵抗这支冷血秦军。

一寸山河一寸血，身后就是邯郸，后退一步就是妻儿老小的赵国青壮年拿起武器，以决绝惨烈的战斗意志开始拼死抵抗。王翦部队的击溃、驱赶战术和桓齮部队的冷血屠杀相比，显得格外温吞，那些被驱赶溃败的赵军在王翦军的压力之下，本可成为赵国后勤补给和军心坚定的不安定因素，然而这些不安定因素，却又在桓齮的屠杀下，重新凝聚起来，成为了抗击秦军的重要力量。

开疆拓土的功勋让桓齮失去了谨慎和冷静，鲜血淋漓的屠刀刺激着赵国人抵抗的决心。温吞的王翦似乎不像一名传统的秦军将领，他不够悍勇，不够血腥。而桓齮却更像当年的武安君白起，坚信着胜利就应该由尸骨来堆砌，战争就应该血流成河。

公元前 233 年，桓齮挥军跨过太行山，再次攻破赤丽、宜安两城，刚猛强劲的秦军就像一支刺入赵国腹地的长矛，逼人的锋芒直指赵国首都邯郸，刺骨的杀意让整个赵国紧张无比。

> 桓齮伐赵，败赵将扈辄于平阳，斩首十万，杀扈辄。
>
> ——《资治通鉴》

生死存亡之际，赵国上下空前凝聚，原本被北方匈奴牵制无法脱身的名将李牧，率军回师邯郸门户晋州，而失去正规军保护的北方地区的赵国民众，也没有因为本国主力部队脱离、匈奴猛烈骚扰而产生动荡。反而凭着血气之勇，一面抵抗匈奴，一面积极生产，为李牧部队提供着后勤支援。

得到战略空间的李牧部队以惊人的速度南下，在晋州西部与秦军展开了殊死搏杀，同时利用地形之利，逐渐拓展和扩大赵军的防御纵深。众志成城之下，处于劣势的赵军奇迹般地稳定住了局面，凶狠如狼的秦军再也无力突破李牧的防线，之前势如破竹的胜利所带来的士气，也渐渐被劳师远征带来的疲惫和补给困难的消磨殆尽。

公元前233年的秦赵之战惨烈无比，但秦军的屠杀没能摧毁赵国的勇气，反而令整个国家焕发出一种如同回光返照一般的生气。

再平凡的人，蜕变的光芒同样耀眼，更何况一个原本就骁勇善战的国家。

果然失去速度的桓齮被李牧牢牢粘住，无力挣扎。不久，疲惫的秦军开始在小规模战场上受挫，随后，李牧抓住机会，以哀兵信念果断反击，大败秦军，桓齮孤身逃走，秦军溃败如潮。

公元前232年，修整后的秦军再次进攻邺城、狼孟、番吾等地。稳健的李牧再次凭借防线之利和卓越的军事素养击退了秦军。然而国力之间的悬殊使得这场胜利并不轻松,败退的秦军留下了遍地尸骨,而赵军也付出了惨痛的代价。

反间除掉李牧

公元前230年,解决了暮气沉沉的韩国的秦军补给完备,再次向赵国发动攻势。此时,连年的战争早已掏空了赵国的国库,又逢旱灾,人心惶惶。此次战争看来不久就会结束,但王翦却再次温吞吞地修整一年,压而不战,反而让高度紧张的赵军在国内压力越来越大的情况下,逐渐出现了裂痕。

公元前229年,饥荒的沉重打击令赵国的整体防御战略不再稳定,持续近一年的旱灾动摇了整个国家的基石。等到天灾的杀伤力给予赵人足够的打击之后,王翦率领调整休养了近三年的部队,出井陉口,开始向赵军发起攻击,同时,南部战线杨端和部队,也从桓齮惨败的阴影中调整过来,北出河内,与王翦形成了南北夹击之势。

李牧在本国实力处于绝对下风的时候选择了筑垒固守,希望能够凭借地利的优势消磨秦军锐气,然而慢悠悠的王翦并没有率部拼命突破防线,反而在邯郸北部和李牧部队相持。王翦的部队就如同主官的气质一般,不骄不躁,并不靠着一股血气之勇殊死推进,只是以小股部队骚扰牵制着李牧部队,令赵国的有生力量渐渐失去了机动空间,而杨端和所部南方战线的秦军,给邯郸造成了巨大的心理压力。

匮乏的补给令赵军缺少选择机动的余地,明明知道敌军的战略意图,却无力反击,堂堂正正的阳谋让李牧无法脱身。随后,王翦暗中派人，找到了当年那个散布谣言、导致长平之战廉颇被赵括替换、四十万赵军被白起坑杀的郭开，再次付以重金，让这个不懂军事的内臣更进一步得到赵王的喜爱，继而向赵王进言：

> "李牧拥兵自重，明知我国军饷匮乏，天灾祸患，却不集中力量，率部出击秦军，反而龟缩防线，与王翦秦军每日消磨小战，这明显，是李牧贪生怕死，意图投降秦人，毁我赵国江山！"

朝堂之上，收了王翦钱财的显然并不只有郭开一人，国家危亡之际，不明军事的文官们叽叽喳喳，赵王原本性格多疑，见此局面，勃然大怒，派出宗亲赵葱和齐国流亡而来的颜聚，持王令，去接替李牧及其副将司马尚的兵权。

李牧痛苦万分，他率领大军在外，为赵国江山社稷拼死搏杀，却被小人构陷，君王昏聩，对佞臣言听计从。伤感的李牧看着那些跟随自己出生入死的熟悉面孔，有很多人已经再也看不见了，而他们为之浴血奋战所守护的帝王，却如此行事，寒心的李牧悲愤地呐喊着：

"将在外，君命有所不受！"

然而李牧小看了官场内斗的阴谋，没什么能力智谋击退秦军的赵王和朝臣们，整治自家的大将却是得心应手。朝廷方面一边安抚李牧，另一面，却设下伏击圈套，抓捕并斩杀了他。

得知李牧身死之后，公元前 228 年春，王翦一改之前的相持战术，趁赵军临阵斩杀大将、军心不稳之际，挥师猛攻，而此时恰好被派来接替李牧军权的宗室赵葱，一改之前李牧的战略部署，与秦军展开决战。没有地形之利，又缺乏补给的赵军遭到了兵精粮足战术娴熟的秦军毁灭性的打击，赵葱在乱军中被杀，颜聚临阵脱逃。

当年，王翦突破太行山，占领东阳，十月，完成了武安君白起未竟的事业，攻破邯郸，俘虏赵王。秦国历代东征路上的拦路虎——赵国，改制为邯郸郡，赵公子嘉领数百皇室宗亲逃跑，在代地自立为王，后被王翦之子王贲剿灭。

战国后期少数能够与秦国军事抵抗的赵国，赵奢、廉颇、李牧等名将前赴后继的与敌人斗智斗勇，殊死搏杀，然而，岁月的力量打败了赵奢，猜忌和昏庸的赵国王室，却成了白起、王翦击败廉颇、李牧，最致命的武器。

易水之战为何如此轻松？

邯郸的硝烟渐渐散去，然而秦国的野心却绝不会就此停止，咄咄逼人的强秦让赵国当年的邻居燕国也如鲠在喉，强大的赵国都没能挡住关西那些凶狠的秦人，而且现在各国之间早已经没有了当年互相依存的关系，所有诸侯都战战兢兢地颤抖着，担心成为秦国的下一个攻击目标。

没有人觉得秦国会满足于既得利益，嬴政的身上背负着几百年以来历代秦王问鼎天下的梦想，浸透着泪水和鲜血的信念令嬴政更加暴躁，足够强大的铁血秦军，完全能够实现他的意图。当年偏安函谷关的痛苦，诸侯鄙夷的目光，被天下人耻笑的举鼎而死的武王，都成了催促嬴政奋力向前的强劲催化剂。

被压抑太久的大秦铁骑就如同一群被禁锢太久的凶狠野兽，如今他们雄才大略的君主已经渐渐将束缚的枷锁解开，锋利的刀枪渴望鲜血，每一个军人，也正值对荣耀最为向往之时。连年的征伐令秦军不断接受着实战的磨砺，而密集的战争却没有对整个秦国的经济体系产生恶劣影响，先进军政体系带来的强大生产力让这支部队能够获得充足的补给，辈出的名将率领着军队战无不胜。连续战争对于其他诸侯国产生了严重的困扰，厌战、经济消耗以及士气低迷等因素不断晃动着东方诸侯的根基。此时的秦军正磨刀霍霍，等待着饱餐一顿。

太子丹打错了如意算盘

秦军枕戈待旦，燕国岌岌可危，面临危机的时候，总是要想一些办法。燕国太子丹觉得，目前这个局面，是因为那个残暴凶狠的嬴政不断推进造成的。一个没有实力的狂徒最多引发小规模的混乱，然而一个拥有征服天下的强大实力的疯子则完全可以导致燕国灭亡，但同时秦国的皇室也并非铁板一块，如果能够除掉嬴政，那么应该还有破局而出的胜算。

战国时代，很多王孙贵胄有大批的奉养门客。太子丹也不例外，门下不乏勇猛死士，养兵千日用兵一时，现在，太子丹觉得应该有个英雄站出来，去完成这个有去无回的刺杀任务了。

这个刺客，就是著名的荆轲。

然而刺杀秦王的任务并没有成功，秦人的怒火却如期而至，在生死之间转了一圈的嬴政愤怒地下达了讨伐燕国的命令，王翦奉命出兵。

从刺杀计划一开始，燕国统治集团就已经分化，他们再也没有当年被齐国欺辱时那种绝地反击的勇气了，因为没有人愿意再为了腐朽没落的燕国王室付出鲜血和生命，朝堂之上的众臣对于如何抵抗刚刚灭掉赵国、声势夺人的秦军并没有太好的办法。

刚开始，燕国想到了当年秦人最为忌惮的两个大国，齐国和楚国，希望能够与之联盟，抵抗秦人，同时最好还能和北方的匈奴达成默契，通过从秦国北部地区侵入，对咸阳形成足够的威胁来限制秦军前进的脚步。

然而已经没有诸侯愿意再像当年那般组织起一支各怀鬼胎的联军了，函谷关大开的城门中，秦人那一声："秦虽不能力抗九国之师，然殊死一搏，必有几路诸侯为秦之宗庙殉葬"似乎还在回响。没有一支军队能够再越过巍峨的雄关，空洞洞的城门背后，却有着诸侯猜忌暗算之壁垒。

那支强大的联军没能越过函谷关，反而在相互推诿猜忌中分崩离析，今天，强大的秦国不再需要殊死一搏，就可以轻易毁灭敌对诸侯了，而九国之师，再也没有了。

燕赵的百姓也早已对本国王室充满了愤恨与不满，当他们渴望荣耀的时候，一个出色的指引者可以带领着他们披荆斩棘，而现在，披荆斩棘的苦难挣扎早已不是为了国家与民族之荣誉，而是为了满足那些脑满肠肥高高在上的贵族了。

民众和军队享受不到贵族们给予的良好待遇和尊重，所以现在，除了门客还愿意为了付出生命以外，其他人，早已经厌倦这样残酷又无聊的游戏。于是，荆轲愿意为太子丹，为了燕国贵族，实行一去不返的刺杀计划，而民众和普通军队，斗志全无，麻木而疲惫。

❧ 从易水河到太子河

没有对抗就不需要付出代价，王翦率部一路东进，不知道为何而战、没有抵抗意志的燕赵联军遇到了为爱戴君主报刺杀之仇的铁血秦军，一战之下，土崩瓦解，仓皇逃窜。

秦军高歌猛进，联军望风而逃，王翦率领的大军来到了当初太子丹为荆轲送行的地方，确实，北方的风很冷，应该只有热血才能温暖，幽云燕赵的天很黑，只有锋利的长刀才能带来光明。

易水之战毫无波折，秦军所到之地，燕军一触即溃，公元前226年，王翦等人率部攻破燕都蓟（今北京）。策划刺杀行动的燕太子丹和燕王喜根本没打算拼死一战。就让激怒秦王、国家战败的罪过由那个该死的刺客荆轲来背吧，谁让他没能成功！随后燕国贵族逃亡辽东。

秦军将领李信带领数千军队，一路追杀燕太子丹。这位燕国最后的抵抗者觉得自己应该继续坚持下去，于是憋住一口气藏在了衍水之中，躲过了如狼似虎的秦军。千年之后，这条藏过太子丹的衍水，改名太子河。

> 辽置衍州，或取义于衍水，溯及燕丹而命为河名也。汉称大梁河，辽称东梁河，金时称无鲁呼必喇沙，满语意为芦苇河。我大明称太子河，清称太资河，即今之太子河。
>
> ——《奉天通志》

这场波澜不惊的战争似乎还没有荆轲刺秦王来得著名，然而君王、太子多用阴诡之谋，不思堂堂之道，当自己的国家无力去抗争的时候，只是不停地去寻找失败的借口和理由，而不去思考执政中最本质的问题，这也就注定了易水之战失败的结局。

王翦军堂堂正正地正面推进，不与燕赵联军再去纠缠暗斗，也就让敌人失去了翻盘的最后机会。这场战争，并非是王翦用兵如神，只不过是他选择以最正确的方式，往那个腐朽到摇摇欲坠的破房子上，踹了一脚。

踹塌了燕国腐朽统治的王翦没有一路追击，而是选择了稍作休整。他并不在意李信是不是能够追到太子丹，藏在衍水中的王子是燕国最后的勇气，需要斩草除根，却并不一定非要用自己的刀。在战场上已经取得绝对主动权的秦国开始展开政治攻势，而逃亡的燕王室为求生存，只好选择杀掉太子丹向秦国谢罪，原本抱有死志跟随太子丹舍命一搏的残兵死士在自家王子被自家君王杀死后，也就作鸟兽散，再也没有了战斗的意志。

然而休整完毕的秦军，选择了再次出击，这一次一举剿灭了燕国。

> 冬，十月，王翦拔蓟，燕王及太子率其精兵东保辽东，李信急追之。代王嘉遗燕王书，令杀太子丹以献。丹匿衍水中，燕王使使斩丹，欲以献王，王复进兵攻之。
>
> ——《资治通鉴》

为什么要讨要大军和田产？

扫平了燕赵的秦军已经基本控制住了黄河以北的局势，只有齐国还在巨大的压力下苦苦坚持。只是诞生了孔子等大家的齐鲁之地，对战争这件事并非那么擅长，又加之几代君王对于军政并不是很上心，对于文化的发展和经济的建设倒是颇有些独到的技巧，然而就是这样一个没有足够武力保护自己财富的大金库居然躲开了秦人在北方挥舞的利刃，在秦人看来，过早地征伐齐国，反而会引起一连串的不良反应，毕竟齐楚等大国如果联盟，凭借齐人的财富和善战国家的军力，还是很危险的。

所以这一次，秦人把目标放在了南边。

然而秦楚之间恩恩怨怨纠缠不休数代之多，最让秦王忌讳的，是楚国拥有足够强劲的军事实力和经济基础，比当初彪悍的赵人更加可怕。赵人虽然善战但是赵国却地域贫瘠，而楚地千里，除了拥有跟赵人一样强大凶狠的军队以外，他们还拥有大量富庶的土地和足够厚实的战略纵深。

当然，楚人如果能够完全发挥出自身的优势，那么秦人也并不那么容易就能扫平北方。然而猛将如云、谋臣如雨的楚国却接二连三出了几位不那么聪明机敏的君王，这种家大业大的国度如果和和气气不思进取也就罢了，然而楚国的几代君王却都有着与自身能力不相称的野心。

秦楚之间当年多有来往，那位著名的宣太后芈月也是楚人。可惜这个世界上并没有永远的朋友，维系这个世界的只有永恒的利益。当虎狼之秦扫平北方之后，注意力也就自然要转移到南方荆楚了。因为无论是否有争霸之心，但争霸实力那么就一定要铲除，何况不太喜欢隐藏自己想法的楚人也不止一次发出了自己的声音，他们足够强大，无需掩饰野心。

这样的情况下，修整完备的秦军部队进入了南征的战备状态，灭亡楚国的计划也提上了议程。当年武安君白起率小部精兵千里突袭，火烧楚国宗庙的战绩让全国上下对南征充满了信心，近年来攻无不克战无不胜的铁血雄师摩拳擦掌，长刀早已饥渴难耐。

🌸 抱病不争

公元前 226 年，秦军前锋部队开始对楚国开始了试探性的攻击，担任先锋部队主官的，正是王翦的儿子——王贲。

士气正旺的秦军在王贲的率领下，所向披靡，连续攻破了楚国十余座城池。随后，秦军暂作修整，等待进一步的战略安排。

朝堂之上，却对于战略战术产生了分歧。当然，秦人并不担心是否能取胜，他们觉得对楚作战，胜利是必然，而最大的分歧却是将要为胜利付出什么样的代价。

年轻的将军李信刚刚经过北征燕赵的洗礼，正是意得志满锐气正盛。强大的国力给了他无与伦比的信心，当嬴政问到攻打楚国需要多少兵力的时候，李信傲然答道："不超过二十万！"

问王翦，却回答："非用六十万人不可！"朝堂之上，产生了分歧，然而秦王也觉得，通过王贲对楚作战的情报来看，楚国并没有那么强劲的实力，同时，他觉得，王翦过于温吞，莫非是老了，胆怯了？

> 王贲伐楚，取十余城。
>
> 王问于将军李信曰："吾欲取荆，于将军度用几何人而足？"
>
> 李信曰："不过用二十万。"
>
> 王以问王翦，王翦曰："非六十万人不可。"
>
> 王曰："王将军老矣，何怯也！"
>
> ——《资治通鉴》

王翦也不争辩，他选择了和当年武安君白起一样的处理方式——抱病还乡。

李信和蒙恬率兵伐楚，战争初期，进展顺利，连战连胜的秦军似乎也成了李信战前的豪言壮语最好的注脚。他与蒙恬率领的部队不断击败楚军，接连攻破平舆、鄢郢等重镇。看起来，或许王翦真的失去了勇敢和锐气？

然而楚国并非真的是任人欺辱的软柿子，被秦军一连串攻势打得有些晕头转向的楚军渐渐回过神来，到了国家存亡之际，世代生活在这片富庶广袤的土地上的楚人意识到了危险。抵抗和反扑开始越发猛烈，秦军逐渐失去了势如破竹的锐气。战争进入了一个全新的更惨烈的时期。

寸土寸血，虎狼秦军的屠刀依旧锋利，然而孤军在外，当楚国全国都开始发力的时候，再强大的部队，也是孤军。

李信显然低估了楚人抵抗的意志，他觉得当年武安君白起那一把大火已经烧毁了楚人的勇气，这些南蛮子并不足惧，只要杀人，放火，烧毁他们祖先的宗庙，他们就会屈服。然而他没有想到的是，这次楚人变得如此悍不畏死。

孤军作战的李信终于感受到了轻敌带来的巨大危险，他下令秦军迅速突破，与另一路蒙恬率领的部队城父会师。然而楚军显然不打算让李信如此顺心如意，连续三天三夜，紧追不舍，完成了整体战略意图的楚军获得了这场厮杀的主动权，李信所部秦军遭受到了沉重的打击，七名副官战死，两座军营被攻破，大败逃走。

> 李信及蒙恬将二十万南伐荆。信攻平与，蒙恬攻寝，大破荆军。信又攻鄢郢，破之，于是引兵而西，与蒙恬会城父。荆人因随之，三日三夜不顿舍，大破李信军，入两壁，杀七都尉，秦军走。
>
> ——《史记》

秦王嬴政得知后，焦虑不堪。

这次战事的失利并不仅仅是几万军队损失那么简单，而是秦军强大不可战胜的气势受到了重挫，如果不能立刻证明秦军依旧具备卓越的战斗力，不能继续给予诸侯施加压力，那么原本害怕强秦的各国，就会丢掉畏惧之心，甚至可能再一次联合起来打击秦国。

现在需要的是一场无可争议的胜利了。

历史惊人的相似，当年长平之战后，白起的战略计划没能得到秦昭襄王的支持，而秦军随后错误的军事行动遭到了惨重的失败。当秦昭襄王想要再次启用白起时，白起选择了告病推辞，之后，就是一代军神，自刎而死。

如今，王翦的计划同样没能得到嬴政的支持，秦军再次失利，王翦也选择了抱病推辞，而结局却完全不同。

老将出马先讨封赏

秦王嬴政听到李信大败的消息，大怒，迅速赶赴王翦告病养老之地，丢给李信一个黑锅，又给王翦戴上了一顶高帽：

"寡人很后悔，没能听将军的话，现在，李信果然让我们秦军蒙受了失败的耻辱！现在，楚军逐渐西进，您虽生病，难道忍心就这样抛弃寡人吗？"

王翦依旧推辞："臣老了，病了，大王还是另择良将吧！"

嬴政坚持："就请您率兵出征吧！就这样定了，您不要再推辞！"

此时，王翦终于答道："我出征，还是要六十万大军！"

嬴政马上允许："就听将军计策！"

　　始皇闻之，大怒，自驰如频阳，见谢王翦曰："寡人以不用将军计，李信果辱秦军。今闻荆兵日进而西，将军虽病，独忍弃寡人乎！"王翦谢曰："老臣罢病悖乱，唯大王更择贤将。"始皇谢曰："已矣，将军勿复言！"王翦曰："大王必不得已用臣，非六十万人不可。"始皇曰："为听将军计耳。"

——《史记》

其实，白起和王翦都是智谋超群的一代名将，只不过王翦选择了贬低自己："病弱疲乏，昏聩无能"，而白起却选择了抱怨君王："秦不听臣计，今如何矣！"

一代军神白起自刎身死，而王翦再次挂帅，领兵六十万出征伐楚。

秦军誓师灞上，嬴政亲自送行，此时，纵横天下大气磅礴的王翦将军忽然变得市侩贪婪起来，大量讨要良田美宅、金银珠宝，似乎变了一个人一样。

嬴政大笑："将军领大军出征，还担心家里没有良田金银用度吗？"

然而王翦也不多辩，只是反复索要，几分调侃，几分认真地说："现在我还能给大王带兵打仗，趁着我还有用，也就多给后辈亲眷挣些田产钱财。"

嬴政当然答应了这位老将的要求，大军开拔，当秦军通过函谷关时，王翦连续五次派遣使者向秦王讨要钱财田产，连他的部将都看不下去了，并劝王翦不要太过分了，哪有大将率兵出征，未出国境，先讨封赏的道理。

眼看着军队渐渐出关，王翦终于对部将解释了一番："你们并不了解秦王嬴政，现在前线战败而启用我，你我都是军人，应该知道现在整个秦国的精锐部队全在这里了，而嬴政本就是多疑而冷酷的人，我多要些田产金银，让这位大王认为我只是一介武夫，卖命赚封赏罢了，他能安心，你我也能安心啊。"

于是王翦将兵六十万人，始皇自送至灞上。王翦行，请美田宅园池甚众。

始皇曰："将军行矣，何忧贫乎？"

王翦曰："为大王将，有功终不得封侯，故及大王之乡臣，臣亦及时以请园池为子孙业耳。"始皇大笑。

王翦既至关，使使还请善田者五辈。或曰："将军之乞贷，亦已甚矣。"

王翦曰："不然。夫秦王怚而不信人。今空秦国甲士而专委于我，我不多请田宅为子孙业以自坚，顾令秦王坐而疑我邪？"

——《史记》

🌸 楚军终于沉不住气

王翦率六十万秦军前来讨伐的消息自然隐瞒不住，毕竟浩浩荡荡的大军想要遮掩行迹也根本不可能。虽然楚国之前在对秦作战中取得了辉煌的胜利，但是毕竟整体国力上与强秦还是存在着客观的差距。大军压境，荆楚大地，人心惶惶，全国动员。

刚刚击败李信部队的楚军士气正旺，面对强敌，全军上下凭着一股守土卫国的血气之勇，丝毫不惧。虽然秦军悍勇善战，王翦用兵如神，但是此时全国动员支持下的楚军，依然有着与敌军拼死血战的决心和实力。

王翦率领大军而来，却并不急着报之前李信战败之辱，而是谨慎修筑防御工事，兵力上处于优势、擅长攻击和突袭的秦军反而慢慢悠悠地收缩阵型，摆出了一副防御相持的架势。凶悍好斗的秦军在王翦的布置下，对楚军屡次挑战不理不睬，看起来他们才是弱势的一方。

原本实力占优的秦军采取守势，楚军自然不敢过于冒进攻击已经修建了防御工事的敌人。除了正常的布防和训练之外，这支浩大的秦军丝毫看不到之前讨伐各路诸侯时所具备的攻击性，虎狼之师忽然变了味道，就像他们的主官老将王翦一样，温吞而又厚重。

这支秦军也并不完全是跑来楚国观光的，在保持足够防御力量与楚军对峙的同时，开始展开投石跳远等增强体质的竞赛，王翦每天除了问问部队的后勤伙食之外，看起来唯一比较放在心上的，居然是这个看似无聊的部队竞赛了。

楚军越发摸不到头脑，击败秦军的锐气在一天天消磨，他们对于这种时刻绷紧神经却又无从发泄的诡异局面感到痛苦。一股血气之勇随着时间的流逝渐渐沉寂，无法痛痛快快和敌人决一死战却又始终受到巨大战争压力的无形力量开始摧毁楚军的战斗意志。

秦军只是防守，而楚军从全国各地聚集的部队开始出现混乱，不知道未来、看不清前景的频繁调动只是为了和秦人展开一场鱼死网破的殊死搏杀，而秦军却保持着训练、准备战斗以及不断压制战斗欲望的平稳状态。

此时的王翦似乎忘记了这次战争本应是一场震慑诸侯的复仇之战。

整整一年过去了。

秦国稳定的军事环境和强大的国力在这种对峙中占尽了优势。虽然秦国精锐部队六十万被王翦率领出征，但是依然没有任何诸侯敢于在此时挑战和攻伐秦国。商君虽死，但是他的法令也让整个秦国政治稳定，风气严谨。

而楚国的状况却并不好。或许长江淮河的滔滔流水能够孕育毓秀的人文、浪漫的诗篇，但是从战争的角度来看，楚人对高压之下的持久战，缺乏足够的意志力和凝聚力。部队在高强度的备战下，疲惫不堪，将领对于军队，国君对于将领，控制能力都在下降。

秦国连年不断的扩张，使得国家具备了足够广大的战略纵深和缓冲，巴蜀的粮仓源源不断地向前线运输着充足的补给，秦人稳定的北方恰恰成为了楚国最脆弱的防守区域。六十万秦军保持着对楚军主力的牵制，而楚军却在实力处于弱势的情况下不得不调动部队轮防。

一年的时间对于驻守的秦军来说并不长，因为他们每天只需要保证日常的战术训练强度，组织投石竞赛就可以了。但对于楚军来说，这一年，消磨掉了当初战胜李信部队时的锐气和血性，失去战略主动的被动调防逐渐让整个楚国的军事体系出现了混乱。

楚国名将项燕的一次兵力调动终于被王翦发现了机会，养精蓄锐已久的秦军突然出击，疲惫混乱的楚军一触即溃，项燕战死，楚王被俘，拥地千里、带甲百万的楚国至此被划为了强秦的一郡。这场双方出动兵力近百万的浩大战争就以这样波澜不惊的形式结束了。

这场战争的背后，是王翦对于局势和军队士气出神入化的掌控，避其锐气，击其惰归。而他反复索要田产金银的背后，却是对君心最为透彻的理解。

真是不称职的秦王老师？

王翦和他的儿子王贲为了大秦帝国东征西讨，立下了赫赫战功。性情多疑的秦王嬴政连当初辅佐自己的吕不韦也能够下手铲除，而对王翦，却始终保持着高规格的尊重。难道仅仅因为王翦用兵如神，功勋卓著？

显然并不是，作为帝王，嬴政有着卓绝狠辣的手腕、铁血无情的内心，任何人都并不能够完全得到他的信任。坐在那张龙椅上，这位千古一帝的脚下，是累累的尸骨，这其中，有敌人的，也有亲人的。

名将如何做个合格的臣子

春秋战国年间，名将几乎尽不得善终。瓦罐不离井上破，将军难免阵前亡。不能击败凶狠的敌人，战死沙场也就罢了。然而，比敌人的刀剑更致命的，是来自于自己身后的利刃。将领在外统兵作战，战胜了，怕被猜忌拥兵自重；战败了，降罪下来，依旧难免一死。但最可怕的是，名将几乎都有着发自内心的骄傲和勇敢，当他们被陷害的时候，并不擅长为自己辩解。

没有哪一位名将能够在沙场上战无不胜攻无不克，回到朝堂还能舌战群臣勾心斗角。战争期间，各国的间谍说客游走天下，一旦君王昏聩，朝臣奸佞，中了别国的离间计策，那么掌握军队的将领，往往是胜利后的祭品，而他们又常常并不擅于防备来自卖国者的暗箭。

司马迁先生曾论起白起和王翦二人，尺有所短寸有所长。两人都是机敏多智，能征善战，这两员大将，可谓奠定了秦帝国一统天下的基石。然而白起南袭荆楚，北战长平，为秦国开疆拓土，浴血沙场，更是坑杀了赵国降卒四十余万，落得人屠骂名遭人非议。与在崇山峻岭荒野广漠之上，武安君纵横驰骋所向披靡相比，恢弘肃穆的咸阳皇廷，显然不是白起擅长的战场，不断被文官排挤和构陷的他，愤怒之余，也得罪了君王。

随后，位极人臣的大将被贬为士兵，再然后，被逼得伏剑自尽而死，只留下了令人唏嘘的一声叹息。

而王翦，却在这个血雨腥风刀光剑影的时代，得到了智而不暴、勇而多谋的良好评价，也得到了封妻荫子名传千古的善终。司马迁先生认为，这样一位在帝国军政体系内拥有举足轻重地位的名将，既在军方有足够的资历和功绩，又在朝堂上被君王当作帝师一样尊重，却不能规劝秦始皇嬴政多行德政，最终，秦王朝二世而亡。作为一名帝王器重、德高望重的老将，实是不该。当他看到君王错误的政治决策和治国方针时，居然没有站出来以忠贞之节，尽力规劝，只是俯首帖耳，言听计从。要么就是告病退出权力纷争的朝堂，要么就是安心做帝王手中最锋利的屠刀，只管带兵征战，而不引导君王施行仁政。真是辜负了皇恩，不是个合格的臣子。

封妻荫子也泽被子孙

然而真的如此吗？

其实王翦只不过看得太过透彻罢了。自从军之时起，他鲜有与朝臣文官的交集和冲突，只是安安心心地率部征战，不争权，不霸道，不参议。因为王翦明白，武将只需战胜敌人，就够了，别的，不应武将来做。至于所谓劝谏皇帝行使仁政，这应当是文臣政客所为。

王翦明白，当武将参政之时，帝王无可避免地会考虑到将领手中掌握的军队所产生的影响。无论采纳建议与否，对于帝王来说，都会留下难以解开的纠缠。因为当锋利的刀剑作为劝谏的支撑时，任何对权力有着敏感掌控欲望的帝王，都会感受到无法名状的威胁，而让皇帝感受到威胁，只有两个下场，记恨，或者死亡。

所以当白起劝谏秦昭襄王时，昭襄王并不能认同他正确的军事战略，反而从另一个角度开始思考如何能够控制甚至对付这个功高震主的大将。此时君王身边煽风点火的文臣，也就自然能够如鱼得水，从而注定了武安君白起伏剑自杀的最终结局。

而王翦，却始终清楚地明白自己的位置，他不会对秦王嬴政说："你不听我的计策，现在怎么样了！"他只是不停的示弱，他给了君王足够的面子和对自己的自嘲，当军事战略意见不同的时候，他不评判对错，只提出自己的观点，不被采纳，那么就笑眯眯地告病，只说自己："老弱笨懦，望大王另择良将。"

白起如冰，锋锐刚强，王翦如水，为而不争。刚不可久，水滴石穿。足够聪明的王翦始终没有把自己定位成秦王嬴政的帝师，他只是慢条斯理地做一个将领应该做的事情，战争、胜利、让帝王放心。

从来儒以文乱世，侠以武犯禁。文人只看到了大将身居高位，却不能以忠贞之心为君王长治久安劝谏谋划。也没有看到，真正的将领，到底应有多大的职权。

不逾越武将本分职权的王翦封妻荫子，卷入朝堂内斗的武安君冤魂何处！

　　即便秦王朝覆灭之时，王翦之孙王离，也始终没有参与赵高、李斯等人对权力的谋划，他只是奋战，只是跟随着章邯浴血沙场，当章邯开始思考并参与朝堂上的权力之争，他并没有跟着章邯投降项羽楚军，最后力战身死，以身报国。

　　曾有后人言，章邯乃是秦王朝硕果仅存的名将，然而，当章邯拆开那封劝降的书信并开始考虑自己是应该死战到底还是顺应局势的时候，他已经不再是武将了，而王离，才是大秦王朝最后的勇气。这一切，都源自老将王翦，为子孙后代指引的路。

将军威震匈奴日，怎知祸患在萧墙——蒙 恬

　　始皇帝一统天下之后，东方群雄俯首称臣，此时，另一个困扰汉民族文化经济发展的敌人浮出水面，他们就是北方的匈奴。游牧民族对中原文明的冲击和破坏自古有之，扫平天下的始皇帝自然不能容忍如此蛮荒之族影响他的皇权。于是，蒙恬率领着大秦铁骑，北征匈奴，打得匈奴一路逃窜，威震天下。随后，将军放下长枪，拿起图纸，完成了从军人到工程师的华丽转身，主持修葺了人类文明史上的辉煌奇观——万里长城。然而最终，刀枪斗不过权谋，宫闱内的暗流远比塞北凛冽的风霜更危险。一代名将，没有倒在沙场，却死于自己对王朝的忠诚。大秦铁血雄师三十余万，群龙无首，土崩瓦解，随后烽烟再起，阿房宫付之一炬。是与非，忠与愚，功与过，自有后人评说。

齐人蒙恬灭了齐国?

细品春秋战国,合纵连横的政治博弈与阴诡机变的外交暗战,交汇着赤地千里血流成河的殊死搏杀,在这纷乱浪潮中,涌现了无数闪耀将星,也弥散着漫天的杀气和冤魂。

秦孝公重用商鞅,革新变法,为关西大秦走向巅峰的征途指清了方向。随后,惠文、武、昭襄蒙故业,因遗策,南取汉中,西举巴、蜀,东割膏腴之地,北收要害之郡。一时间天下惶恐,诸侯们纷纷惊呼:秦人来了!

> 孝公既没,惠文、武、昭襄蒙故业,因遗策,南取汉中,西举巴、蜀,东割膏腴之地,北收要害之郡。
>
> ——《过秦论》

秦昭襄王年间,魏冉举荐的一位少年将军,逐渐成长为了这个时代最可怕的战神,兵锋所指,所向披靡。与他同时代的秦将纷纷失去了光彩,这个将军,叫白起。

而与白起同时代的,却有这样一位秦将,远不似武安君一般,威震天下,然而却悄无声息地连战连胜,更有趣的是此人并非秦地土生土长，而是祖居山东蒙阴。他，就是蒙恬的祖父、四朝老臣、在大秦建立了蒙氏忠勇将门的常胜将军——蒙骜。

很奇怪，一个齐人，背井离乡远赴关西，为敌国效力，从蒙氏一门对秦王朝的忠贞来看，显然并不是因为蒙氏家族自身品性有了问题，更奇怪的是，蒙骜之后为秦王南征北战，东征西讨，战功赫赫，此人必然是有大将之才。而这样的一位品性忠贞又具备出色军事能力的名将，为什么要舍近求远，叛齐投秦呢？

翻开史书，忽然发现，蒙骜值壮年之时，齐君，正是宣王；而秦主，乃是昭襄。

这两国之间到底有多大差异，能够让蒙骜背井离乡，抛弃富庶的齐鲁，远赴西北苦寒之地？

这几代秦王中，惠文王一上台就车裂了旧臣商鞅，诛灭全族。接着凭借机诡近妖的权谋手腕，将当时的纵横名士公孙衍和张仪这对政治仇敌硬是捏合在一起，共为秦用。这两人游走列国，因势利导，在外交暗战中，为秦国立下了汗马功劳。公元前330年，秦军东进攻魏，攻陷重镇蒲阳，迫使魏国割上郡十五县，俯首称臣，尽取河西全境，建立了秦国东出函谷的桥头堡；用樗里疾，大破魏赵韩三国联军，斩首十万有余；朝堂激辩，否张仪之谋，用司马错之计，借巴蜀纷争之乱，名将甘茂灭蜀一战功成；随后又遣张仪，凭唇枪舌剑，诓齐楚绝交，猛将魏章，于丹阳、蓝田、召陵，三败楚军，惠王再施谋术，骗楚怀王客死咸阳；挑拨离间，引北方义渠王室自残，平定西北二十五城，得肥沃牧场数千里。

秦武王虽然举鼎而死，然而这位君王并非如后世演绎那般不堪；砸死他的周鼎不仅仅是青铜之重，那里面，盛满了秦国逐鹿天下的沉重梦想。

到了秦昭襄王，内有魏冉殚精竭虑，外有白起征战四方，整个国家弥漫着硝烟与荣耀的味道。

此时的齐国，在做什么呢？难道齐国已经人才济济到连蒙骜这样的将军，都找不到自己的位置了吗？

蒙骜时，齐国正是宣王年间，这位宣王，即位之初，也是野心勃勃，趁着燕国内乱，一路高歌猛进打到燕国首都。随后请教名士孟子，兴文道，修典籍，建稷下学宫，为先秦诸子百家的士子们提供了良好的学术环境。然而，他执政时，喜好礼乐的宣王组建了一支三百余人的庞大乐队，养活了无数的南郭先生，为后人留下了"滥竽充数"的笑谈。而且此君薄情寡义，在国家危机之时，娶了丑陋才女钟离无盐，靠着此女心中锦绣才华，朝臣忠良奋力，重振朝纲。然而待齐国的局势初见好转后，马上又把这位结发妻子冷落到一边，开始宠幸美妃夏迎春，在民间，甚至流传着"有事钟无盐，无事夏迎春"的戏言。在那座聚集着天下士子的稷下学宫中，宣王更是对其中士子说："我齐国，根本就没有杰出人才，不然我肯定会很尊重的！"

就这样，不会吹竽充数的蒙骜，为了理想，远赴秦国。而其后人蒙恬，率三十万秦军，在灵丘与齐军主力血战数月，为王翦之子王贲突袭临淄，奠定了胜局。

蒙恬是齐人蒙骜之后，而当他率领秦军攻伐齐国的时候，心中，早已没有了对这片故土的依恋。

灭亡齐国的不是齐人蒙恬，而是那齐国朝堂之上，锦衣玉食却无德无能的帝王罢了。

长城挡没挡住胡人？

时光的侵蚀是无法抵挡的，岁月有足够的力量，让山河破碎，令王朝消亡。人类最早期的四大文明中，古巴比伦、古埃及、古印度都已经灰飞烟灭，唯有中国文明，历经千年，源远流长，传承不朽。这其中，到底是什么原因，造就了中外文明如此迥异的结局呢？

古巴比伦的《汉谟拉比法典》与辉煌的空中花园未能抵挡住波斯大军的铁蹄。

古埃及的象形文字与伟大的宗教，也无法战胜罗马帝国染血的刀锋。

大英帝国工业革命的浓烟，飘过重洋，遮住了泰姬陵上方的蓝天，在震耳欲聋的枪炮声中，古印度的尊严与文明，支离破碎。

如此看来，武力，可以摧毁文明。

古代华夏文明初期发展之时，也遭到了周边异族的侵扰和破坏，其中以北方胡人为祸最甚。西周政权的倒塌固然是天子昏聩，而北方游牧民族的强大武力，也当仁不让地成为了最致命的屠刀。时至春秋战国年间，北方各路诸侯，无一幸免，或多或少都遭到了胡人的侵扰和打击。甚至秦赵长平之战的背后，也有胡人对赵国施加的强大压力在作祟。待到秦灭六国，终结乱世之后，北方匈奴对华夏文明的冲击，也越发强烈。

战国时期，中原各国战事激烈，无暇北顾，天性彪悍、弓马娴熟的游牧民族如鱼得水，四处劫掠。至战国后期，来去如风的掠夺为狂野凶狠的欲望积累了大量物质基础，匈奴社会逐渐开始从游牧文明向奴隶制社会进化，北方燕赵多次受到胡人侵扰，只得凭借山险修建长城，采取守势。秦灭六国后，广袤的国土带来的不只是令人沉醉的权力，随之而来的还有更加漫长的防线。匈奴部落逐渐向外扩张，最顶峰时，已经攻占至河套地区，对当时华夏文明的政治经济中心——咸阳，产生了巨大的威胁。而在硝烟和烈火中开创王朝的秦始皇，自然无法容忍这种压迫，于是，大将蒙恬，率百战秦军精锐三十余万，由始皇长公子扶苏亲做监军，挥师北上。

公元前215年，秦始皇三十二年，夏秋交替之时，已经卫戍咸阳十余年的蒙恬，奉旨北征，兵分两路，自率一部出上郡，自榆林，突进河套北部；另一部由义渠，取萧关之道，向河套南部推进，两军谨慎推进，沿途击溃匈奴部落不计其数，至当年初冬，将河套地区匈奴势力全部肃清。两部会师之后，蒙恬集结部队，沿黄河南岸驻军休整。秦军向北推进之初，秦始皇已下令全国修建统一驰道，其中以给北征军所用交通线为最先，全国筹集粮草军饷，源源不断地输送到前线，秦始皇首次出巡，即是至此。

华夏农耕民族先进的科学技术和文明为蒙恬军提供了稳定的支持，而缺乏物资过冬的匈奴军则饥寒交迫，战斗力锐减。公元前214年春，修整了一冬的蒙恬先发制人，不等匈奴各部恢复战力完成集结，就亲率主力部队强渡黄河，攻阴山，突破贺兰山高地，在高阙、阳山等地拉网扫荡，搜寻匈奴领袖，当发现头曼单于所部主力及北方各部匈奴集结之地后，果断发起决战。经历了严冬的匈奴军队元气未复，而修整完备的秦军士气正旺，两军一番激战之后，秦军大胜，正在由游牧向奴隶制转化发展的匈奴社会，遭到了近乎毁灭性的打击。头曼单于引残兵向北后撤七百余里，退入生存条件极其恶劣的阴山以北地区，不久，遭到其子冒顿的刺杀，匈奴内部发生了极其血腥的权力争夺，短期内，再无南侵之力。

战后，始皇大规模迁徙人口，设九原郡，置下三十四县，屯垦建设，蒙恬也迅速按照既定战略，拆除原秦赵、赵燕边防城关，征发民夫，修葺连接秦赵燕三国北部长城，开始建立一条西起临洮、东至碣石的万里长城。

> 乃使蒙恬北筑长城而守藩篱，却匈奴七百余里；胡人不敢南下而牧马，士不敢弯弓而报怨。
>
> ——贾谊《过秦论》

长城修建之初，得到了全国百姓的鼎力支援，三十余万秦军威震匈奴，形成了"胡人不敢南下而牧马"的磅礴气象。对中原华夏汉族文明起到了良好的保护作用，使中央集权制的封建王朝体系得到了宝贵的发展空间。而随着大秦帝国王权的发展和执政者欲望的膨胀，修建长城的浩大工程渐渐充满了残暴血腥的味道。沉重的徭役和恶劣的环境令无数民夫埋骨荒山。民心生变，以至于修建工程本身，从保护百姓生存空间，变成了充满血泪的压迫。击败匈奴的蒙恬，至死也没有想明白，那一段段巍峨的城墙，披坚执锐的骄兵悍将，并不是真正的金汤要塞。最坚固的长城，其实一直在老百姓的心里。

忠心大秦还是愚蠢？

没有人可以逃脱死亡的宿命，徐福带着童男童女远涉重洋带不回长生的灵药，方士们燃起的炉火也无法为始皇帝炼出真正的不死仙丹。权倾天下的秦始皇终于倒在了东巡的路上。辉煌一生的嬴政万万没有想到，自己人生最后一段旅行要躺在一车臭鱼烂虾里。收天下之兵聚之咸阳铸成的十二金人并不能守护传承他的心血。他忘记了即位之初自己在朝堂之上掀起的腥风血雨，忘记了权力的滋味可以让任何情感和底线荡然无存。他虽然不喜长子扶苏，但是其实明白如果要想把这王朝传承下去，德才兼备的扶苏才是最好人选，于是在北击匈奴之战时，看似公子扶苏被嬴政不喜而被贬，可是这个真正被贬的太子却能够拥有三十万精锐之师的监军之权！所以扶苏的北地监军之行的真正目的，恰恰是嬴政为了给这位长子树立威信，获取军方支持的政治筹码的镀金行动。

当年齐废王田建的诅咒"寡人无罪而获死，汝亦将无病而暴毙"似乎应验了，嬴政东巡路上一病不起，匆匆撒手人寰。生前器重的名臣李斯，没有按照他的设想，忠心辅佐着公子扶苏，保着大秦王朝，基业千秋，子孙万代。因为嬴政不只有一个儿子，扶苏还有弟弟，胡亥。

在一部分人看来，世界上无所谓忠诚，只不过是引发背叛的筹码不够罢了。蒙恬早就因严执法度与赵高结下了仇怨，早年的李斯虽然也曾一心为国，然而当嬴政死去后，上了年纪的李斯也就渐渐变了心思。

自古军政不和，或有帝王术作祟，或忠奸难以共朝。恰好，赵高与蒙恬，忠奸不和，因为赵高认为如果有足够的利益，那么背叛也没什么大不了，可是蒙恬却认为，任何人，都应该有忠贞的信仰和道德的底线，于是，当唯利是图的极端利己主义者和忠勇的将军碰在一起，这矛盾，是无法化解的。而李斯，却是与蒙恬军政不和的一位重臣，他们并没有看透这其实是嬴政制衡御下的政治手腕。但是现在，嬴政躺在一车臭鱼里了。

于是一场权力之争不可避免，胡亥利益集团抓住机会假传遗命，赐死扶苏。

蒙恬也不是只会杀人的憨傻莽夫，憨傻莽夫可以成为一名敢死队小队长，但是不能成为数十万大军的主帅。于是蒙恬劝道："陛下东巡在外，我受命率三十万大军驻守边疆，而派公子你来到这里监军，显然事关天下安危，而今一个使臣一道诏书，就令你自杀，其中疑点重重，哪里知道，这是不是一些奸猾小人的阴谋诡计！"

> 始皇至沙丘崩，秘之，群臣莫知。是时丞相李斯、公子胡亥、中车府令赵高常从。高雅得幸于胡亥，欲立之，又怨蒙毅法治之而不为己也。因有贼心，乃与丞相李斯、公子胡亥阴谋，立胡亥为太子。
>
> 太子已立，遣使者以罪赐公子扶苏、蒙恬死。扶苏已死，蒙恬疑而复请之。
>
> ——《史记》

嬴政的"遗命"中，指责扶苏在外监军不利，反而怨恨父王，意图谋反，令其自杀谢罪，这罪名本身，就难以经得起推敲。

首先，北击匈奴，秦军大获全胜，秦始皇亲自下令迁移人口北驻河套，垦田屯镇，若是不利，哪会有这样的行动？

其次，嬴政大张旗鼓地派遣徐福求药炼丹，虽然民间不知整个过程真伪成败，身为太子的扶苏，又岂能毫无消息渠道，不知此事已经渺渺无期？

再次，既然无法得到长生不老的灵丹妙药，那么父王早晚是要见列祖列宗的，本身已经是太子，又得到了军方大将支持的扶苏，还有什么必要谋反？这天下，将来一定是他的，完全不需要通过谋反引发内战来削弱未来自己国家的整体实力。

自古帝王之家，纵然昏聩，对于政治也具备着天然的敏感，使者拿着嬴政的"遗命"令其自杀谢罪公子扶苏自小见惯政治的血雨腥风，难道看不出这是假造的圣旨吗？而扶苏在以上各种疑点完全不清的状况下，哭泣念叨着："父亲令儿子自杀，儿子还犹豫怀疑什么呢？"

随后扶苏就这样带着重重疑点自尽了。

其实，扶苏并不傻，他之所以选择自杀而不是带领蒙恬麾下三十余万精兵挥师咸阳问个清楚，恰恰是因为他对大秦天下无比的忠诚。能够假造始皇帝遗命的，除了朝堂权臣和贴身内卫，无有他人，这份命令最终受益者，也就是自己那个凶狠暴虐的弟弟。既然这份命令已经到达，那么胡亥利益集团又怎么可能没有丝毫准备，说不得，咸阳城内，定有一场血雨腥风。同时扶苏是经历过惨烈战争的，他数次规劝父王爱惜民意，也体现出他对于秦王朝天下百姓无比的珍惜。一生戎马的秦始皇之所以在一统六国之后，焚书坑儒，继续兴兵北击匈奴，南征百越，也完全是将暴虐好战不惜民意的恶名全部揽到自己头上，长生不老无望，也不可能从子孙的身上得到再生，那么就让自己来做这恶魔，扫平一切障碍，让继位的扶苏，做一个仁爱的皇帝吧。蒙氏一门忠烈，可堪托付，授其重兵，扶正太子。待到身入黄土，骂就骂了，天下归心，基业万代，自有后人修正丹青。

嬴政唯一没有算到的，就是扶苏对这大秦天下的爱惜和忠诚，居然到了可以付出无上的权力、宝贵的生命。成长在那个环境，嬴政并不相信真的有人可以把这天下当做自己的天下，把这黎民当成自己的黎民，普天之下莫非王土，率土之滨莫非王臣。只有胸襟足以承载山河的圣人，才能够达到如此境界，嬴政生于乱世，自血雨腥风，背叛阴谋中一路走来，他的眼睛，早已蒙上了暗淡的血色，而扶苏，却是接受相对广博格局后培养出来的接班人。

于是扶苏选择了相信胡亥。他并非是相信弟弟的能力，而是相信弟弟能够为了得到自己手里的江山，做得好一些。

而蒙恬受到迫害入狱后，就如他所言：

> "蒙氏三代，为大秦出生入死，曾领雄兵三十余万，虽身在监牢，亦有余力兴兵而叛，天下何人可当？今上赐死，受之，守义也，以命报先主厚恩！"

胡亥、赵高、李斯等人提心吊胆地等待着蒙恬兴兵造反那一刻，然而却没有等到，他们嘲笑着蒙恬的愚蠢，却不知道，这份他们所谓的愚蠢，何尝不是丢失的信仰！

胡亥没有把大秦国当成他的家，所以他失去了这个国家；蒙恬或许是愚蠢吧，他的愚蠢却不是没有用手中的力量造反，任由别人赐死。他的愚蠢，是没有看清：如果他忠心守护的王朝，交到这样一群唯利是图者的手中，也早晚是覆灭罢了。

罪过是挖断了地脉？

千秋功过，自有后人评说。

秦王朝自商君变法之日起，走上了法家治国、兵家争霸的道路。虽然商鞅被继任者无情车裂，诛灭家族，然而最讽刺的却恰恰是商鞅临死那一声叹息："作法自毙！"

令商鞅逃命无门、身死族灭的恰恰是他制定的治国方略。被四分五裂、死无全尸的一代名相，其实只不过是继承者秦惠文王给因变法而受到打击的利益集团一个交代罢了，与两国交锋战败方丢出去顶罪的死囚并无分别。只不过是惠文王就国家机器运转过程中，与传统既得利益集团交锋失败而背上黑锅的悲剧罢了。至于当年因新法而惩罚的仇恨，在国家利益面前丝毫不值得一提。惠文王心中明了，若要挥师东进，一扫六合，完成这个宏伟国家的最大利益，依旧需要继续推行新法。既然破坏平衡利益的商鞅已经被处死了，那么受到新法影响和侵害的世家们，就无法再对新法本身提出质疑和否定了。

于是有了：孝公既没，惠文、武、昭襄蒙故业，因遗策。

秦始皇也是如此打算，无论是收天下之兵聚之咸阳，还是一把大火烧了书，埋了唧唧歪歪的文人，乃至举国之力北击匈奴，南平百越，修葺长城，都是希望给自己的后代留下个比较稳定强盛的"故业"。而嬴政显然不可能自己一件件去做，自然要有下面人亲力亲为。于是蒙恬就如同商鞅一般，最后背了好大喜功爱打仗、劳民伤财修长城的黑锅。

但是最令人扼腕叹息的并不是背黑锅者的命运多么凄惨，而是白白背了黑锅却没有达到既定目标。商鞅用自己和全族的生命背了变法的黑锅以后，他的遗策被大领导继续肯定和推行，最终我们回首来评价商鞅时，依旧能够给予他非常高的评价和声名。因为，他的黑锅成功地变成了为理想和既定目标遮风挡雨的坚实盾牌。

秦始皇和蒙恬也背上了残暴君王和铁血监工的黑锅，很可惜，二世胡亥却拿着这两位长辈的黑锅去烧烤了。结果他们的理想被无情地烧得外焦里也焦了。无论是熊熊烈火中劈啪作响的先秦文献，还是哭倒了长城的孟姜女，都成为了始皇帝和蒙恬难以抵挡的明枪暗箭。因为，如果失败，那些为了正义的理想所运用的非正义之手段，就变成了险恶阴谋。

先秦百家，儒家告诉我们，要真诚；墨法学派提出，要真实；道家则希望向世间传播恒长真理。然而对统治者管理天下要求最低的儒家显然并不是一把烈火就能够焚尽的，需要严格约束自我的墨子法家与修行人心的老庄道家，无可奈何地遭到持续不断地边缘化。于是，失去了真实和真理支撑的真诚，就成了伪善。

痛骂秦始皇的书生们不需要知道，如果不能约束人心的话，这天下会死去更多的人；指责长城浸透了鲜血的学者们也没有必要去考虑，如果用军队挡住来去如风的匈奴铁骑要付出多少军饷和生命的代价。他们只关心礼仪是不是足够高贵典雅，对待别人是不是仁厚平和。埋骨长城脚下的累累尸骨，无论出于何种原因，都是暴君与没有人性的监工对大众犯下的血腥罪行。

得民心者得天下，其实得天下者光靠民心支持是不够的，远远观望摇旗呐喊并不能让既得利益者老老实实地交出权力。在至少有一丝机会能够挣扎着活下去的状态下，选择为了更完美的世界而付出鲜血和生命的人，是不够组成一支能够颠覆格局形态的军队的。

司马迁曾评价蒙恬，说这大秦朝天下初定，经历了战争的残酷洗礼，人民需要休养生息，而嬴政做出连续征伐与修筑长城这样的决定，动摇了秦王朝支撑的根基。世代身为忠臣宿将，应当运用君王所器重的话语权，对秦始皇进行相应的劝谏，这样才能够真正安抚和保护这些刚刚从苦难战争中逃脱出来的黎民百姓，进而才能得到支持，获得仁义之名，方能稳固统治。蒙恬只是固执地执行秦始皇下达的命令，率领军队浴血沙场，好不容易打跑了匈奴，却又继续压榨民力来修建那段荒山上的城墙，导致秦王朝失去了民心，然后被贾谊评价为"仁义不失而攻守之势异也"。这样的蒙恬远不算是真正的忠臣良将，因为不能够为了国家王朝的长远做出负责任的规划，反而成了压垮秦王朝的又一个沉重筹码。

> 夫秦之初灭诸侯，天下之心未定，痍伤者未瘳，而恬为名将，不以此时强谏，振百姓之急，养老存孤，务修众庶之和，而阿意兴功，此其兄弟遇诛，不亦宜乎！
>
> ——《史记·蒙恬列传》

司马迁也许是对的，因为他宅心仁厚，愿意为受苦难煎熬的社会民众争取更加妥善的生存环境和发展空间。

然而现实是那样的残酷，如果没有这些用铁和血筑起的长城，试想北方的胡人铁骑，将会冲入广袤的中原大地上，肆意劫掠，获得令游牧社会向前发展所需要的原始财富。也许，到了那个时候，捧着书简的士子，与严格要求礼法仁义的先生们，又将是另一种评说。这是时代给智者的考题，也是历史给出的答案。当然如果像秦后两汉那般，也有另一种选择，以精美的财帛与联姻，为了民族大义、为了国家安全、为了保护文化、为了韬光养晦，于是会有一去紫台连朔漠，以大义之名；于是会有独留青冢向黄昏，为天下苍生。然而，这一切真能平衡得了多少力量的较量？

唯有鲜血方能救赎，唯有胜利才能宽恕。

文明经过岁月沉淀出来的淳淳美酒，需要的是一个足够坚硬的酒坛子来承载，否则的话，风沙能够吸干美酒的精华，鲜血会让这酒完全变了味道。

可惜，当人们需要美酒的时候，不会有人发现原来盛放美酒的坛子表面已经满是伤痕，人们只需要这美酒能够让生活充满芳香的滋味。而当酒坛子破掉的时候，大家最心疼的，定然不会是那破碎的瓦片，只会叹息一声：

这个坛子真是不够坚固，可惜了这美酒，洒掉了。

蒙恬因秦王室宫闱之争，付出了性命，虽是对大秦朝忠心一片，死而不悔，然而没有任何人可以完全无所畏惧取义成仁，没有任何人不害怕死神寒光凛凛的镰刀。真正的猛士，也并不是敢于直面淋漓的鲜血，而是阴冷的死神与滚烫的鲜血，也无法战胜他们的信仰。即便害怕，也依旧选择前行，即便无法成功，也依旧愿意抓紧满是尖刺的荆棘。

蒙恬引颈就戮之时，一声叹息：“我何罪于天，无过而死乎？”

人之将死，其言也善。即便选择守先王之义而死，这位铁血将军也会有那深深的无奈和感慨，也会有无尽的不甘与纠结。

然而，无奈并非是无力改变，若是选择放弃忠诚的底线，那么麾下三十万雄师的戍边大将完全可以按兵观望，等待皇室内部争斗尘埃落定以后选择自己最好的出路，因为没有任何皇帝非要凭空树立一份几十万刀剑日夜威胁的仇恨，如果蒙恬在始皇驾崩、扶苏自杀时，选择在军中继续观望，名义上臣服于胡亥集团而实际上行使藩王权力，二世完全没有必要歼灭这三十万雄师，杀掉蒙恬。然而蒙恬选择交出军权，入狱赴死。他只能感慨不愧对天地良心，不愧对自己的底线。因为约束他行为的，并不是军法刀枪，也不是高官厚禄，而是自己心中始终悬挂着的道义之剑。

这把剑的光芒可以令死神的镰刀黯然失色，这把剑的约束之力能够让所有威逼与利诱无从下手。然而蒙恬认为，他不甘心，他没有愧对什么，没有犯下自己道德之剑所约束下的罪恶，他可以死，那是因为拥兵抗命，列土封疆，是罪过。

回首一生，蒙恬忽然觉得，这一切的不甘，或许是不应该。秦王朝强大武力镇压下的反抗之火已经开始蠢蠢欲动，为了王朝传承而手中染满鲜血，背上恶魔之名的先主和他，没能够把接下来的事业和信仰完整地传承到一个广有贤名的天使手中。在民众眼中，老皇帝是个好大喜功的暴虐君主；手下大将们，也全是如狼似虎的凶恶屠夫；而继承这一切的家伙，与他们的前辈相比，甚至青出于蓝而胜于蓝，残暴之甚，有过之而无不及。

这世道已经无法继续挣扎着生存下去了，时间的力量好不容易让那个恶魔永远消失了，那个所有人期望的贤良天使却因为权力之争的失败，没能登上那个可以主宰苍生命运的舞台。大家感觉到，那个已经死去的可怕恶魔再度转生，获得了更加年轻的生命和更加残暴的能力，相对于之前的老皇帝，他并不能够将这份凶狠和高压，释放给自己的子民，同时也不能给那些满身风沙的胡人与南荒百越的蛮子带去同样的痛苦，他只会把痛苦完完全全地丢在自己的家园上。

蒙恬在此已经看穿了这一切。

他忽然觉得，原本一切都规划好的战略方案，莫名其妙地发生了离奇的偏移，公子扶苏的眼界与格局，似乎完全超越了先主计划本身建立的基础。先主认为自己能够站在风口浪尖，扫平天下，开创恢弘基业的才能与格局，已经足够大了，而扶苏这个从那般环境下成长的太子，却形成了令自己老爹也未能料到的浩瀚价值观。

扫平天下，以山川河海为绘制理想之宣纸，以天下无数旷世奇才为笔，世间苍生万物为砚墨，构画自己美好理想蓝图的秦始皇万万没有想到，当他殚精竭虑、不惜背上一世骂名给扶苏留下一个他认为足够美好和宽阔的舞台时，这个看起来软绵绵、宅心仁厚、能得到老百姓们称赞的贤名王子，早已经用天作棋盘，用星作子，将这苍茫大地，锦绣江山，放在了心里。

但是这样优秀到超标的答案，却因其广大胸怀与心中道义，稀里糊涂地夭折在前行的路上。就此，那个只把王位当做获取个人利益捷径的二公子，就这样阴差阳错地成为了这个国家的主人，几代人用生命守护的王朝，因此而断送。

或许自己这么多年的南征北战，杀戮太重了，是那沙场上累累的尸骨被时光的力量化为齑粉，随着凛冽的风飘散起来，遮住了大秦王朝即将到来的温暖的阳光吧。

或许自己这么多年的赶杀匈奴，太过绝情了，被驱赶到阴山以北苦寒之地拼死挣扎的匈奴百姓们，日以继夜地在用恶毒的咒语侵蚀着大秦王朝渐渐厚实起来的基石吧。

或许自己这么多年的修葺长城，修得太长了，无数人以身为锄铲，披荆斩棘，破山断水，直到凝泪成冰，血沃荒原，那深深的怨念和血泪，滴穿了大地，甚至污染破坏了大秦的龙脉吧！

这应该是人力无法掌控的天定命运吧，蒙恬不小心破坏、挖断了这看不见摸不着的龙脉，才导致了如今局面，才招致了这样的惩罚和报应吧，如此看来，虽然我们蒙氏家族如此的忠心耿耿，如此的尽心尽力，但是我们却确确实实地伤害了这个我们希望能一直守护的王朝。那么，果然，这是无可宽恕的罪孽，果然，这确实应该以死谢罪。

良久，徐曰："恬罪固当死矣。起临洮属之辽东，城堑万余里，此其中不能无绝地脉哉？此乃恬之罪也。"

乃吞药自杀。

——《史记·蒙恬列传》

如此说来，蒙恬果然是个愚蠢的将军，当他麾下秦军北击匈奴威震天下，修筑长城保护中原的时候，没有想到，也没能看穿，保护秦王朝的万里长城，却是从歌舞升平的咸阳城，开始坍塌的。

单骑独行乌江畔，长戟难断是情丝——项 羽

有种决心，叫破釜沉舟；有种饭局，叫鸿门夜宴；有种计谋，叫暗度陈仓，有种无情，叫分一杯羹；有种末路，叫十面埋伏；有种痛苦，叫四面楚歌；有种爱情，叫霸王别姬。

滚滚乌江边，有一个孤独的骑士，叫项羽。

大家怎么都不上呢？

秦二世胡亥统治集团，继承了父亲的江山与铁骑，却没有继承父亲的才能和胸怀。强大的武力失去了理智的约束，变成了满足欲望的锋利屠刀。沉重的徭役赋税让老百姓的生存空间越发缩小，果然，不在沉默中死亡，就会在沉默中爆发。

一场暴雨让陈胜吴广耽误了打卡时间，明显没读过几天书的陈胜，却无师自通，弄出三句煽动性极强的起义口号。

燕雀安知鸿鹄之志哉！主要意思就是说，人没有理想和咸鱼没什么区别。凡是不能理解我的理想的家伙，都是麻雀！这碗毒鸡汤确实让围观群众心潮澎湃，顶礼膜拜。

王侯将相宁有种乎！这句煽动性太强，无数挣扎在生存底线的劳苦大众听到这句话，这体内的洪荒之力根本控制不住。世界太气人，三分靠天赋，七分靠努力，居然还有九十分需要看你祖上是不是王侯将相！我很不满，我当不了富二代，我要做富二代他爹！

苟富贵，勿相忘！记住，有福一定要同享！等我们当上王侯将相了，一定会分好处给大家，大家跟我上！当然有难的话，看情况再说。

转眼之间，伐无道、诛暴秦的烈火蓬勃燎原。当年被秦灭掉的六国遗老们当然也得顺应时势，于是，斩木为兵、揭竿为旗的简陋起义军得到了各地区的广泛响应，起义不到三个月，赵、齐、燕、魏等地方都有人打着恢复六国的旗号，自立为王。商君的法度和大秦军队的长刀再也无法控制局势了。"势"这个字现在看来，造的真是太有道理，因为一旦形成，那么就具备了执行的力量和强大的惯性。

当项梁遭遇章邯

虽然秦二世对战争不太懂行，但是并不是所有的秦军将领都不懂行。大将章邯接到命令以后，赶紧将骊山附近的囚徒和苦役整编了一下，开始镇压起义。

其实章邯比起他的前辈们来说算是很倒霉的，当年的铁血秦军战斗力之强劲，加之秦王朝军政相对开明，给众多名将们纵情挥洒南征北战提供了良好的平台。等到前辈们故去，终于到了他亲率大军征战沙场的时候，却憋屈地发现，龙椅上的皇帝是个不懂行的二世祖，朝堂之上，也是一片乌烟瘴气，而自己手下只能拼凑出这样一支乱七八糟的乌合之众，反差之大，也让章邯郁闷得很。

但是名将依旧是名将，他没有办法选择自身所处的起始平台，也没什么好主意改变咸阳朝堂的昏聩现状。他唯一有能力去做的，就是拿起武器，先剿灭了这伙起义军再说。

章邯虽然是个武人，但是能够成为二世这个多疑残暴的皇帝所倚重的将官，自然深谙战争之道。目前麾下的军队缺乏足够的训练和战争素养，但是对方也同样不是铁板一块。六国旧部加上这支声势浩大的农民起义军，虽然从力量上来说，秦军完全不占优势，但是，章邯仍旧迅速集结部队，向着陈胜吴广的起义军突袭而去。结果，六国旧部除了摇旗呐喊以外，并没有给予陈胜等人真正的支援。除了正面猛攻之外，章邯还发布了悬赏，只要陈胜吴广的小命，其他被这两人忽悠造反的，不追究。

结果吴广被部下刺杀，陈胜败退的途中，被自己的车夫割了脑袋，献给了秦军。随后章邯开始逐一攻打六国旧部，仿佛一场当年秦灭六国之战穿越时空再度上演。六国旧部中，自然也有当年秦国最强劲的对手——楚国。虽然楚国早已被灭，但失散四处的楚人高呼为楚怀王报仇雪恨。于是广阔楚地上，各处的能人志士，纷纷聚集起来，推选当年楚国的名门望族军旅世家——项氏，来统领江东，兴复楚国。

这其中，有谋士范增，提出了一句非常振奋士气的口号："楚虽三户，亡秦必楚！"随后喊完口号又给项氏家主，项羽的叔父项梁设计了一个非常巧妙的计谋——立个楚怀王当旗帜！项梁反复思考后，觉得范增提出的"楚国无罪，怀王高尚，秦人背信"这类舆论手段很不错，也确实能够提高楚军的凝聚力和支持度，同时又不会切实地损害他自身的权威和利益，还能让天下民众认为，楚军是正义之师。于是项梁从民间找来了隐居放羊的楚王熊心，拥立为楚怀王，自封为武信君。

这场战争居然按着当年的剧本一路重演。

过去经常合纵诸侯攻打大秦的楚国，这次又开始会盟各路英雄，共同进退，讨伐暴秦。可是此时的秦国已经没有了公孙衍这样的能臣，张仪这个言语间就能掀起惊涛骇浪的纵横谋士也早就化为了一捧黄土。章邯击败陈胜吴广后，开始与这六国联军展开交锋，没有了足够的软实力支撑，自身硬实力也就是一伙死囚和苦役，章邯在东阿、定陶连吃败仗，另一支秦军在雍丘又被刘邦项羽打败，三川郡守李由被杀。看着当年六国雄师都没能挫败的秦军，被自己打得落花流水，项梁恍惚中有些飘飘然了，原来，自己的时代，就要来临了，真是应该感谢这孱弱的秦军啊，就这样让名将项梁立下不世功勋，名垂千古吧！

然而大秦虽然风雨飘摇，内忧外患，但是当年的底子还在。一支支忠于秦王朝的地方驻军逐渐集结，章邯固然是战败后撤，而实际上死在战场的都是那些没有足够军事素养的囚徒和苦役，几次大型战役也逐渐给活下来的乌合之众积累了一定的战争经验。虽然蒙恬被杀令三十万北方军团产生了混乱，虽然南部征伐百越的赵佗控制着数十万精锐按兵不动，但是依旧有大量的秦军正规部队开始控制住驻区局势，驰援咸阳。当项梁越发看不起秦军的时候，实际上，章邯手中的实力，却在迅速增长。

项梁手下有个将官宋义，发现了这个致命的隐患，他立刻建言劝告说："骄兵必败，大胜之后，将领骄傲轻敌，士兵荒嬉懈怠，本身就非常危险，更可怕的是秦军的主力正在集结，如果不小心的话，必败无疑了！"项梁正是意得志满的时候，觉得这个家伙真烦人，找了个联络齐国旧部的差事，就把这名将官派出去了。自己的意见没有被采纳，宋义感到很失望，越发感觉时局的不对劲。走到半路，宋义碰到了来见的齐国使者，劝其慢点去拜访项梁，若走得太快，简直就是去死，慢点走，能躲过一场大祸。结果，确实如他所言，项梁在定陶被章邯所部击溃，力战身死。

项梁已破章邯于东阿，引兵西，北至定陶，再破秦军。

项羽、沛公又与秦军战于雍丘，大破之，斩李由。

项梁益轻秦，有骄色。宋义谏曰："战胜而将骄卒惰者，败。今卒少惰矣，秦兵日益，臣为君畏之！"项梁弗听。

乃使宋义使于齐，道遇齐使者高陵君显。

曰："公将见武信君乎？"曰："然。"

曰："臣论武信君必败；公徐行即免死，疾行则及祸。"

二世悉起兵益章邯击楚军，大破之定陶，项梁死。

——《资治通鉴》

宋义让项羽着急了

项梁战死之后，章邯算是松了一口气。过去诸侯会盟合纵攻秦的时候，秦国的防守策略基本都是连消带打，抓住领头的狠狠修理一番，给远处大国许诺点利益，再收拾收拾近处的帮凶，这多国联军基本上也就不战自散了。这次他逮住了楚军一顿暴打，又斩杀了自称联军主帅的武信君项梁，现在，楚军已经不足为虑了，至于瓦解联盟这种政客该做的工作，他作为武将觉得自己或许不能胜任，那么接下来，就该收拾一下这群跟着楚国后面吵吵嚷嚷的帮凶们了。随后，秦军主力强渡黄河，攻打赵国，现在的赵军早就没有了赵武灵王时代胡服骑射体制下的强劲战力，兵败后退，被秦军围困在巨鹿，岌岌可危。

一时间大家就像当年一样，被秦军凶狠的战斗作风和强大的武力所震慑，楚怀王觉得大秦都已经如此千疮百孔了怎么还这么凶残，实在危险，支持自己的项梁已经战死，如果不采取点办法，岂不是又要成了那个当年被秦囚禁之死的楚怀王了。于是楚怀王熊心迅速来到彭城，收编了项梁旧部和项羽、刘邦的军队。并且，他认为提前看出项梁失败结局的宋义是个很不错的将领，有勇有谋，在发现兵败危险后力谏主将而不是自己逃跑，能够在无力挽救失败时明哲保身脱离危险，值得重用。于是宋义成了新的上将军，带领着几万楚军北上，救援巨鹿赵军。

然而宋义走到中途，按兵不动四十余天，直到数九寒冬，依旧不提进军救援，反而在军中饮酒作乐。项羽不太明白，既然我们诸侯结盟反秦，现在盟友赵国被困，四十余万秦军围攻巨鹿，楚军已经原地休整四十余日，军力士气正旺，为什么不发动突袭，和赵军里应外合呢？而且不仅仅楚军，早就已经到达的各路诸侯军，居然似乎有着某种默契一般，全部都按兵不动，反而开始修筑堡垒，好像看热闹一般。大家不是同盟吗？为什么盟友被困，明明应该迅速驰援，里应外合才是，为什么大家都不上呢？这次诸侯救援之战没有什么惨烈交锋，反而在历史上留下了"作壁上观"这个有趣的成语。

也许这里只有项羽才是个愣头青，他只知道既定战略目标是打败秦军，只知道盟军之间应该里应外合，只知道战机已经出现应该迅速出击。但是他想得太简单了，我们完全可以理解宋义和各路诸侯的做法，毕竟战争不是儿戏，这是一场重新分配利益的惨烈博弈，谁付出多不见得谁会得到，谁得到多要看最后战场外的权谋。

宋义是对的，诸侯是对的，我们也是对的，我们眼中这个世界就是如此的纷乱复杂，千头万绪，凡事，定要三思而后行，如此，才能付出最小的代价，获得最大的收益。

可是项羽错了吗？他的世界如此简单，他的办法如此笨拙，他的头脑怎么这么单纯，果真是个粗鄙莽夫，难怪最后自刎乌江。可是忽然间觉得，也许他没有错，错的，是这个让我们改变的愈发复杂的世界。

破釜沉舟为什么赢？

各路诸侯默默地围观着秦军对赵国发起的猛烈进攻，赵军觉得如果自己光是嚷嚷着让别人来救援，自己又不表态的话，可能真的不会有人来救。于是派了一支约五千人的部队，向秦军进行了一次试探性的冲锋，以向各路援军表明态度。然而很不幸，这五千部队一头撞上了名将王翦之孙——王离，全军覆灭。章邯的主力部队稳稳地建立起运粮甬道，由王离和涉间继续攻打巨鹿。诸侯发现原来秦军依旧如此可怕，更要保持守势，这下局势反而更加紧迫了。章邯的判断非常准确，就如当年函谷关一样，自私而可悲的人性，是秦军击败各路诸侯最好的辅助。于是章邯放心大胆地加大了攻城力度，对各路援军的防范，也就相应减弱了强度。

⚜ 项羽怒斩宋义

项羽到主将宋义帐中请战，并且从战争局势的角度分析道："如今我发现，秦军对赵王的包围攻打很猛烈，对于我们的防范却降低了，现在战机很好，我们部队修整完毕，士气正旺，迅速渡河出击，攻打秦军外围后路，若赵军内部接应，里应外合，必然能打败秦军！"然而宋义却告诉项羽："你知道吗？要打，就得打死牛身上的大牛虻，牛毛里面的小虫子，没什么意思。现在秦赵激战，赵军背水一战，不胜则亡，必然抵抗激烈，这样秦军赢了，那也是疲惫不堪损失惨重，我们这时候再出击，一战就可灭掉秦军主力；如果秦军被赵军击败了，那么更好，秦军主力折损在这里，我们马上兵发咸阳，一路西进，建立灭秦的不世功勋！论起披坚执锐，冲锋陷阵，我宋义自然不是你项羽的对手，但是要说起对战争局势的理解，真正的战机把握来说，你还差得远！"宋义给项羽这个单纯少年上了一课之后，继续美滋滋地待在军帐饮酒作乐。项羽忽然觉得，这样跟兵法上说的不一样啊，为什么宋义如此作为，却说是我不懂战争呢？战争的目的，不是为了消灭敌人吗？难道盟友就一定是要被出卖的？

闷闷不乐的项羽刚刚离开帅帐，宋义的命令马上就来了："凡是逞勇斗狠，妄自议论军政策略，妄自嚷嚷要出兵的，不服指挥的，一律处斩！"

> 宋义行至安阳，留四十六日不进。项羽曰："秦围赵急，宜疾引兵渡河；楚击其外，赵应其内，破秦军必矣！"宋义曰："不然。夫搏牛之虻，不可以破虮虱。今秦攻赵，战胜则兵疲，我承其敝；不胜，则我引兵鼓行而西，必举秦矣。故不如先斗秦、赵。夫被坚执锐，义不如公；坐运筹策，公不如义。"因下令军中曰："有猛如虎，狠如羊，贪如狼，强不可使者，皆斩之！"
>
> ——《资治通鉴》

这条军令传达开来，整个军营都知道，其实这就是在警告项羽。因为这座大营里，没有哪个将领觉得宋义的做法是不对的，因为在有选择的情况下，毕竟还是别轻易就把自己的全部丢上牌桌，赌赢了不见得能够得到什么切实的好处，赌输了，那要交代的，可就是自己的命了。何况赵国到底怎么样，秦军最后能不能打赢，与我们楚军有什么关系呢？在这混乱的局势下，既然大家都在观望，那么我们也就观望下去最好。

天气越来越冷，惨烈的巨鹿围城之战令战局变得越来越明朗，赵军已经越发无力与章邯所部抗争。对岸安静的援军们就这样继续派出探子观察着局势，就如当年大家在函谷关外一样徘徊。唯一不同的一点是，这次大伙的后勤补给不如当年了，以前富庶的六国，能够源源不断地为前线征战的部队提供相应的物资和粮草，这次起义，说到底还是秦人太过苛刻，吃相已经太难看了，挤兑的大家都快要吃不上饭了，没有办法，正好有了领头的几个农民头领在前面冲锋陷阵，所以大伙也就跟着反抗。现在战争到了相持阶段，起兵之初的家底和沿途抢的那些物资军饷，也已经消耗见底了。即便是围观，那部队也是要吃饭的，将领们还好说，下面的士卒已经开始吃豆子混粗粮了。大家的日子过得紧巴巴，有不少诸侯萌生退意。宋义觉得如此消耗下去，楚军也不好受，但是身为诸侯领袖的楚怀王，又不能率先退兵。那么，是时候给自己的后路做些打算了。于是宋义想起了当初跟着项梁时，被派去齐国的路上结识的齐国使臣，他的机变和对战局准确地判断让齐国对他印象不错，于是经过一番运作和沟通，宋义的儿子得到齐王的赏识，被拜为齐相，即刻走马上任。宋义对这个结果很满意，自己留在军中继续保持对楚军的掌控，儿子得封齐国高官，正可谓是能够在这乱世中有了容身之地。于是当宋襄临行时，宋义决定好好送一下自己的儿子，大摆筵席，从巨鹿附近一直送到齐地无盐。

下雨了，天气越发寒冷。肚子里没什么存货的士兵在豪华的宴席面前显得更加凄惨，饥寒交迫的士兵们已经渐渐滋生了不满。项羽作为将官虽然不至于混得吃烂菜叶粗粮拌豆子，但是他依然觉得如此下去肯定不行。他决定看看部队中其他人对这件事的看法。项羽对其他将官说："我们本来应该是一起攻打秦国，结果却看着盟友被围攻而不去救援，今年的年景又如此不好，收成惨淡，百姓们吃不上饭，士兵吃得都是些什么破玩意儿！现在还要大摆筵席招待宾客，不率兵渡河一战，与赵国合力击败秦军，取了赵地的军粮补充粮饷实力，反而说等着秦军疲惫再出击破敌。秦国虽然无道，但是以秦军虎狼之师，赵国新建，怎么可能挡得住秦军，更何况能够给秦军足够的杀伤和打击？等到秦国真的击败了巨鹿赵军，难道疲惫的虎狼就是酒囊饭袋能战胜的？现在我们楚军倾巢而出，国家安危兴亡在此一战，而现在宋义对内不体恤士兵将官，对外盟友背信弃义，反而去给自己儿子谋官职，求私利，难道这样才是贤良忠臣么！"

　　乃遣其子宋襄相齐，身送之至无盐，饮酒高会。天寒，大雨，士卒冻饥。项羽曰："将戮力而攻秦，久留不行。今岁饥民贫，士卒食半菽，军无见粮，乃饮酒高会。不引兵渡河，因赵食，与赵并力攻秦，乃曰'承其敝'。夫以秦之强，攻新造之赵，其势必举。赵举秦强，何敝之承！且国兵新破，王坐不安席，扫境内而专属于将军，国家安危，在此一举，今不恤士卒而徇其私，非社稷之臣也！"

　　　　　　　　　　　　　　　　　　——《资治通鉴》

项羽一番话说到了士兵们的心里，大家管不着什么国家大义，也顾不上整体战略格局。项羽这个单纯的家伙有一句话说得太对了："我们吃糠咽菜饥寒交迫，宋义却给他儿子去别国当官送行摆这么大排场的宴席，简直就不把我们当人！"军中的局面发生了微妙地变化，大伙觉得项羽这个单纯耿直的汉子说的完全没错，现在到底该怎么办？我们将何去何从？

项羽发现了部队的变化，暗自下定了决心。第二天早上，项羽再次来到营中与宋义提进兵之事。结果宋义又拒绝了项羽的提议。项羽二话不说，抄起家伙就斩杀了这个满嘴权谋的将军。随后对将官们宣布："宋义这个贼人，他与齐国密谋出卖我们楚军！昨天，我已经接到了怀王的密令，让我除了这个奸臣！"大伙本就对宋义不满，加上项羽在军帐中威风赫赫，气势逼人，觉得与其被宋义卖给齐国，还不如这样！于是将官们纷纷上前参拜："原本，就是项羽将军您的家族首先拥立了我王，现在又诛杀了宋义反贼，我们愿听将军号令！"紧接着，项羽下令，派出轻骑一路追击，将那个倒霉的宋义之子宋襄，袭杀在去齐国的路上。随后，项羽向怀王陈说厉害局势，怀王认可了项羽的作为，并封项羽为楚军主帅。

章邯撤退有错吗

一场军营哗变落下了帷幕，宋义已死，项羽下令将做饭的炊具全部砸掉，全军拔营而起，强渡黄河，过河之后，立刻凿沉了渡河船只。对士官兵卒们说："现在，我们已经没有退路了，要想吃饭，去对面抢！要想活命，去击败敌人，我们反正耗下去也是个死，如今这就是殊死一搏！我项羽，若是不能获胜，那就和大家一起死在这里！"大家面面相觑，宋义的软弱和项羽的刚猛形成了巨大的反差，但是仔细想想，反正也就是一死，拼一下，说不准还有活路！后方楚军的支援部队由英布和一名秦军降将率领，也与这支突进的楚军会师。全军拼死向前，项羽也是全身浴血悍勇无双，猛攻章邯所部把守的秦军粮道，令章邯猝不及防。曾经的九国联军在函谷关，没有过如此疯狂而决绝的冲锋，曾经那片巍峨的山岭，见证了各怀鬼胎的人性。如今这支楚军，虽然数量和质量远不如当年，但是这股不胜则死的惨烈气息，却让章邯感到了深深的恐惧。章邯明白如今士气受挫，与这群势若疯虎的家伙死拼下去，绝不会有什么好果子吃。毕竟大军虽然战败，但尚有后退的纵深和余地，如果就此死拼，那么即便胜了，也必将被其他联军所追击而溃败。事到如今，只好弃车保帅，战略性地后撤，避其锋芒，至于前线的王离涉间所部，也就只好放弃了。

赵军发现强援到来，连日来被围攻所压抑的血气和怒火，让随后的反击暴烈无比。被围困的赵军奋力攻击，使得王离涉间所部秦军脱离战场撤回后方的生机彻底断绝。章邯主力的后撤，也让这支前线秦军彻底成了孤军。项羽击退章邯部后，迅速挥师救援巨鹿，完成了对剩余秦军的合围。章邯的败退让咸阳城朝堂之上一片哗然。精锐善战的秦军数十万、智勇双全的名将章邯，居然被一个毛头小子带领的几万乌合之众打得丢盔弃甲一路溃败，还把先锋部队近二十余万丢在了敌人的包围圈中！一时间，质疑和猜测的声音在秦国朝野弥漫着。章邯有些不知所措了，论起实力和战术素养，现在的秦军依旧不是这几万楚军可以打败的，这群南蛮子忽然悍不畏死地为了救援盟友偷袭粮道，导致了战局的部分失控，但是若是避其锋芒，秦军重整旗鼓，拿下这几万人，还是不在话下。朝臣们的纷纷议论和指指点点如此刺耳，如此令人心生愤懑，当年众志成城、上下一心的大秦，真的死了吗？

随后又有章邯的好友来信劝告，大意如此：

> 如今天下大势所趋，并非将军一人一军所能扭转。二世残暴而无能，赵高自私而凶狠，现在即便章邯能够率军击溃项羽，立下战功，那又如何？论起战功，你章邯比当年武安君白起如何？当年白起东征西讨，南征北战，为大秦开疆拓土，出生入死，一朝功成，跃马咸阳之日，又怎料得到帝王心术。军功之巨，天下侧目，然而天子以何封赏？故必以国家法度寻个是非，了断了这功高震主的将军。目下，胜，赵高之流小人可容得下？武安君事历历在目，败，更无所论，自然一死！

至此，章邯终于失去了作为武将的勇敢和执着，因为这个世界太复杂，这朝堂之上的暗战，远比烽烟四起的沙场更加凶险，自己不能像当年王翦那边，舍得一身功名，舍得一世荣耀一般解甲归田，那又从哪里求得武人最后的善终呢？于是溃退的秦军失去了灵魂，王离涉间所部也失去了获得救援的最后机会。项羽不会觉得对敌人赶尽杀绝是件残忍的事情，当年自己的叔父声震天下之时，也自然没有料到，自己会被别人围追堵截，斩草除根。于是率部猛攻被困秦军，赵国也倾巢出动，各路诸侯发现，丰收的时候，到了！

章邯的撤退让王离、涉间感到愤怒和茫然，大秦的将军何曾体会过被友军背叛和出卖的滋味。王贲能够继承父亲王翦的威名横扫天下，原来并不只是勇敢和善战，那个时候的大秦，没有人会为了保存自身实力而后退，没有人会被自己的友军，插上一刀。王离在被诸侯围困猛攻数日之后，被项羽亲手擒获，下落不明，至此，王翦将门世家，到王离而绝。

　　贲、离继出，三代无名。
——《史记索隐》

　　而涉间则拼死抵抗，与副将苏角奋力突围，最终寡不敌众，兵败被困。诸侯对涉间如此猛将，自然有人动了招降的心思，虽然涉间正面敌军正是项羽，然而若是愿归顺诸侯，自然还有东山再起之时。涉间却率残部到项羽军前，聚集副官将领，举火自焚。

　　　"项羽所过之处，皆屠城以显淫威，降者必死也。纵然
　　侥幸赦免得生，亦必受辱。吾等世为秦臣，若不能扫平草
　　寇，不如一死报国！"遂引将士数十人，将大寨尽皆焚烧，
　　自亦葬身火海。
——《史记》

　　劈啪作响的烈焰成了一代名将送葬的哀歌，熊熊燃烧的军旗之下，化作灰烬的，是这王朝最后的勇气。

　　其实章邯没有做错什么，王离没有做错什么，涉间也无愧忠贞气节。大秦的兵士没有变，诸侯的部队也没有变，所有的一切原本都将按着历史的轨迹徐徐前进，人性的黑暗永远都是隐藏在阴影中最为可怕的致命匕首。可惜这一次，这把匕首刺向了秦军。这个变化，源于出现了一个名叫项羽的搅局者，他不喜欢算计，也不够聪明，更可以说如此鲁莽冒昧的进攻违背了最基本的战略战术，然而这个耿直单纯的年轻人，单人独骑，在昏沉沉的

世界中嘶声呐喊，挥舞着手中的长剑，劈开了陈腐厚重的壁垒，化作了一缕照亮天下的曙光。

背叛到底是谁的错？

巨鹿之战的惨烈令天下为之侧目，破釜沉舟的勇气让所有人看到了胜利的曙光，前线战败，后方不稳，朝堂之上文武离心，导致秦军的士气受到了致命的打击，战斗力降到了最低谷。而大获全胜的巨鹿诸侯军，却得到了前所未有的整合与补充，全军上下一心。各路诸侯觉得，原来单纯的项羽身上，具备着他们所缺少的重要气势，与这股气势相应的，是领袖群雄的王者之心。大家似乎有些明白，当年为什么九国联军也无法做到的事情，居然就这样被一个愣头青干成了。于是各路大军云集，拜项羽为主将，四十余万大军浩浩荡荡地向着函谷关一路西进，势如破竹。

而这边打得如火如荼，牵制歼灭了秦军大量主力部队，而另一路主要由陈胜残部、项梁败军组成的军队，在刘邦的率领下向咸阳突进，一路上零星的战斗让这支部队基本没有受到什么损耗。失去了信念的秦军，没有心思和力量给刘邦制造太多的障碍，而且叛逃、投降的部队越来越多，刘邦的前进，越发迅速。终于在公元前206年10月，兵临咸阳城下。而项羽统帅的部队，一路追击章邯后卫部队，兵至漳水南岸。

❖ 项羽和章邯见了面

此时咸阳城朝堂之上的权力斗争已经到达顶点，赵高集团开始残酷地屠杀反对势力，对自己人的凶狠与对外敌的不闻不问，终于让章邯心灰意冷，这个王朝，已经彻底烂到了根子里，再没有了为之拼杀赴死的勇气和信念。于是他下定决心，开始派遣使者联络楚军，要求缔结盟约。项羽觉得，这时候应该把问题交给更聪明的人来判断，于是与副官和智囊们连夜商议。最终大家认为，军粮补给已经不多，虽然有血气之勇撑着部队一路高歌猛进，但是光靠理想还是吃不饱饭的。何况现在秦朝堂之上已经斗得昏天黑地，章邯也已经心灰意冷，如果依旧要拼死歼灭这支秦军，那么现在不愿为腐朽王朝而战的军队，为了自己能够活命，必然不好对付。于是项羽和章邯约定，在桓水南岸，当年殷商的故址上相见。

两人如约相见，章邯见到项羽之后，终于明白了为什么秦军会有如此惨败。细细思量，想起当年威震天下的秦军，想起当年众志成城的朝廷，想起了那时候舍身报国的决心和勇气。而如今，这一切，都已经烟消云散了，曾经的铁血雄师，失去了为之奋战的信仰，恢弘的咸阳王宫里，充斥着算计与阴谋，那个曾经敢于临危受命，愿意用一生心血，力挽狂澜的勇猛少府章邯，也已经随着令人绝望的现实，死去了吧。看着身后茫然失措的将领，眼中全是困惑的士兵，与项羽谈起那个朝廷，那些小人，章邯悲从心来，这个为了腐朽王朝浴血沙场的悍勇将军，再也无法抑制住自己的痛苦，两军阵前，失声痛哭。项羽就此接收了投降的二十余万秦军，封章邯为雍王，好生劝慰，然后让章邯在军中修整。

> 项羽乃与期洹水南殷墟上。已盟，章邯见项羽而流涕，为言赵高。项羽乃立章邯为雍王，置楚军中。
>
> ——《史记》

项羽随后整编投降的秦军，以其为先锋，向咸阳进军。途中，英布等人与项羽商谈，认为这支秦军有二十余万之多，秦地民风彪悍，虽然投降，但是这支部队现在是回去攻打自己的故国，还是很不好掌控，久而久之，必会生变。项羽觉得，确实也有道理，之前双方打得你死我活，虽然章邯不满朝廷最终投降，但是不见得这支秦军可以值得信任。无法信任和掌控的部队，还是当做敌人来处理的好。项羽下定决心，于是在新安，将这二十余万降卒，尽数坑杀。而章邯等一众将领，没有倒在这场屠杀中，却就此，倒在了大秦民众的心里。

> "秦吏卒尚众，其心不服，至关中不听，事必危。不如击杀之，而独与章邯、长史欣、都尉翳入秦。"于是楚军夜击坑秦卒二十余万人新安城南。
>
> ——《史记》

至此，章邯等人成了彻底的"秦奸"。这也为之后汉高祖刘邦还定三秦，留下了可乘之机。此时的诸侯联军，终于到达了咸阳城外，却发现，刘邦部众早已经屯兵霸上，并且定下了有名的《约法三章》，开始逐渐渗透和掌控秦国留下的基业。

项羽单纯的脑子里全是愤怒，他浴血奋战，一路拼杀，快要达到终点的时候，却被人告知游戏已经结束了。自己用鲜血和勇气，给刘邦做了嫁衣，一时间愤恨不已，而且他并不擅长掩饰自己的情绪，也不愿意把怒火憋在自己心里。此时赵高已经杀死二世胡亥，立傀儡皇帝子婴为秦三世，率皇室出城投降。无处发泄怒火的他挥起长刀，他觉得如果不能彻底消灭秦国皇室，这灭秦的功劳，即会落到利用秦朝无道和秦朝遗产收买人心的刘邦头上。于是项羽不再考虑是不是需要做做样子，假意再去遮掩什么，既然无道，那么就要被讨伐，战争失败，那就要付出代价。耿直的项羽就像一个气哼哼的小孩子，快意恩仇，把秦国皇室，斩尽杀绝，随后，犒赏三军，准备好好修理一下这个抢了他战果的刘邦。

项羽和刘邦的"饭局"

项羽本家叔父项伯虽然和刘邦没有什么交情，但是当年杀人犯法，逃难的时候被张良救助过，他不想看着张良就这样给刘邦陪葬，于是趁夜色，悄悄来到汉军营中拜会张良，劝张良和他一起逃走。但是张良早已看出，若是逃走，这天下之大也没有容身之地，何况自己满腹经纶横溢才华，不甘心于就此逃逸，隐姓埋名，于是赶快禀告刘邦。

得到消息的刘邦大惊失色，两人估计了双方的实力，商议了一番，请项伯进来商讨。看着满面风霜，比张良年纪更大的项伯，刘邦觉得此人很重情义，颇有几分侠义风范，又是项羽的本家叔父，说不得有用得上的地方。两人相见没多久，刘邦按照张良之前出的主意，低声下气地对项伯陈述了自己并无称王野心，只不过给项羽看守仓库，绝无二心。紧接着，马上就宣布要跟项伯结成儿女亲家。项伯是个侠义之士，不善权谋，不通算计。他被刘邦谦恭的态度和丢出来的亲情牌弄得手足无措，想了想，凭着对子侄项羽的了解，给刘邦出了主意，让刘邦用诚恳的态度第二天去找项羽说清楚。随后，双方分别，项伯回到营中，开始劝说项羽，此时的项伯已经把自己当成了刘邦的亲家，站在刘邦的角度上，给项羽说明了刘邦谦恭诚恳的态度。项羽也觉得，原来自己冤枉了刘邦。

第二天，那场名传千古的饭局——"鸿门宴"拉开大幕，早已看破刘邦计谋的范增几番示意，让项羽斩杀刘邦，结果项羽不予理睬。火急火燎的范增找来项庄，命其席间舞剑，击杀汉王。结果却被项伯几次用身体挡住，而刘邦诚恳的态度也让项羽原谅了他。随后汉王手下猛将樊哙入账，按照张良的嘱咐，一番激将之语，让项羽就此放过了刘邦。刘邦借口醉酒，逃回霸上，马上斩杀了走漏消息的曹无伤，退兵称臣。

一场鸿门宴，下面的谋臣武将，明争暗斗，惊心动魄，所有人都明白，这并不是一场饭局，而是你死我活的殊死斗争。结果，只有项羽，真的把鸿门宴当成饭局了。

刘邦退兵，项羽进入咸阳，带着对秦王朝的国仇家恨，把整个咸阳血洗劫掠一番，随后一把大火，点燃了恢弘的阿房宫，这场火烧了数月未熄。这一刻，站在风口浪尖上的项羽志得意满，他要向天下展示他的权力和力量。于是开始分封一同进兵的各路诸侯，随后，他决定带着荣耀和胜利的果实荣归故里，衣锦还乡。此时，有个谋士前来劝谏项羽，说关中是个好地方，地势险要，易守难攻，土地肥沃，可以占领称王。但是对于项羽来说，一个得到了最心爱玩具的孩子，如果不能把这份快乐和喜悦给家乡父老好好看看，那么就像是穿着华丽衣裳而在夜晚行走，怎么可以呢？胜利带来的飘飘然和长年征战沉淀的杀伐之心，让项羽失去了理智，杀了这个谋士后，项羽开开心心地把天下分封给了各路诸侯，荣归故里了。

凡是涉及利益分配，总会有人不满意，每个人都觉得自己应该得到更多，项羽认为推翻了暴秦，大家都过上了比曾经更好的生活，这已经够了，然而每个人都觉得这并不够，即便当初大家只是围观，大家只是跟随，但是此时，大家一定要得到更多的利益。

这次战利品的分配让得到的人和失去的人都各自不满，心怀鬼胎，从而也就导致了之后的楚汉相争中，各处诸侯反反复复，这边项羽正面打败了刘邦，紧接着自己后院就起了火，来不及巩固根基，就要忙忙叨叨四处带兵救火，以至于项羽在战场上拼死拼活取得了胜利，却被区区几个谋士，几骑快马，将项羽此前全部的努力，化为乌有。

说到底，项羽单纯地认为，他不想如同秦王朝的郡县制一般，自己做这个天下的主宰，他只希望能够像周天子一样，做一个合格的带头大哥就行了，没有必要在所谓关中的王者之地开创一番基业。然而他至死也没有明白，哪怕最后他不断地向着一个帝王的方向去改变自己，这过程，本身就不完全是他自己的心愿，他被手下人一路推着向前走，背负着本来不属于自己的理想和期望，连亚父范增都破口大骂"竖子不可共谋尔"的时候，他也没有意识到，他的愿望只不过是能够衣锦还乡让家乡父老分享他的荣耀，夸奖他的勇武，而这些手下人，谋的是天下。

欲戴王冠，必承其重，能够举起大鼎的项羽，却背不起沉重的王冠，乱战中的霸王戟，刺不穿欲望的厚厚烟尘。所有的背叛和出卖，都来自于每个人所追求的目的不相同，这最终导致了项羽四处征战却始终没能有一个稳定的根基，一旦失败，却万劫不复。

换做刘邦过不过江？

楚汉之间的战争最终要有个结果，一直观望战局的韩信终于下定决心，给予兵败后撤的项羽最致命的一击。当项羽撤退到灵璧的时候，他还依稀能记得当年在这里，被击败的汉王刘邦一路逃窜，为了加快速度把自己的妻子儿女一脚踹下了车。而如今，汉军势大，惶惶若丧家之犬般逃走的，是自己了。

被策反的楚国大司马周殷，率领部署，沿途屠杀六县军民，汇合英布、刘贾与深入楚国腹地翻江倒海的大将灌婴截断了项羽的退路，随后齐王韩信确认项羽已经没有余力再牵制刘邦的汉军了，自己坐拥齐地，三分天下的计划已经宣告破产。于是拒绝了项羽的使者，率领大军和刘邦形成了对楚军的包夹合击之势。

随后各路部队聚集力量，猛烈攻打军事重镇城父，兵力上占据绝对优势的汉军对成父展开了夜以继日地强攻，漫山遍野的汉军如同怒涛一般，排山倒海不断前进。城父楚军防守部队已经无路可退，而强攻的汉军也组成了严苛冷酷的督战队，务必要拿下城父。双方展开了昏天黑地的惨烈搏杀，城内守军和城父的青壮年百姓，浴血死守，城外的汉军，也没有一人敢胆怯后退。双方的鲜血染红了城墙，死尸堆积如山。最终，绝对实力占优的汉军攻破了城池，随后下令，全城尽斩。这次惨烈的攻城战，史称"屠城父"。至此，楚军完全失去了战略机动的空间和纵深，强大的汉军将项羽的残部被向着垓下不断驱赶，一步步走向了毁灭和死亡。

> 韩信乃从齐往，刘贾军从寿春并行，屠城父，至垓下。大司马周殷叛楚，以舒屠六，举九江兵，随刘贾、彭越皆会垓下，诣项王。
>
> ——《史记》

🌸 虞姬自杀为哪般

项羽一路跌跌撞撞地撤退，退到垓下之后，整合部队。当年的四十余万诸侯联军，如今仅剩下十万左右，多是楚国本土的子弟兵。面对声势浩大的数十万汉军，项羽只好修筑堡垒防御工事，安扎营寨，欲做殊死一搏。阵前，项羽单人独骑，点名要求与刘邦单打独斗，一战定胜负。刘邦自然不会迎战，并且狠狠地嘲讽了项羽一番，策马回到了本阵。

紧接着汉军开始攻击垓下楚营，韩信领三十余万汉军主力正面强攻，两翼协作部队，也是骄兵悍将。起初，项羽凭借强大的个人武力与勇武，几乎将韩信部队击退，然而两翼周勃、柴武等军立刻对项羽进行了夹击，稍做修整的韩信部队再次回师，冲入楚军阵内，开始了残酷的绞杀混战。汉军在人数上的优势得以最大限度的发挥，相反，人数处于劣势的楚军，失去了突袭的锐气和战场长度，陷入了最不利的阵地胶着战之中。虽然楚军的强大战斗力在不断给韩信部队造成杀伤，但是自身的战损也在不断增加，汉军能够得到补充和支援，而楚军一旦战死，却已经再也没有生力军可加入了。

垓下的突围之战持续了一天，三面夹击令楚军以失败告终。项羽被迫退回垓下营寨，是夜，楚营中弥漫着沉重而伤感的气氛。项羽回到大帐之中，美人虞姬始终陪伴着他。这个三十一岁的霸王愁肠百结，他不知道这一切失败，到底是从哪里开始，一生戎马纵横，浴血沙场，无人可挡，却毫无办法阻止楚军以坚定而沉重的步伐走向失败的深渊。他很痛苦，褪下铠甲，放下武器，看着面前的虞姬，那个纵横天下的西楚霸王，似乎变成了一个失意的大男孩，饮过几杯酒以后，虞姬捧着宝剑在他面前翩翩起舞，压抑在胸中的苦闷和不解，爆发出来，成了那首传唱千古的《垓下歌》：

> 力拔山兮气盖世。时不利兮骓不逝。骓不逝兮可奈何！虞兮虞兮奈若何！

传说中，款款深情的虞姬也留下了一曲《和垓下歌》：

> 汉兵已略地，四方楚歌声。大王意气尽，贱妾何聊生！

此时，夜风送来了哀怨凄凉的楚歌，浴血奋战了一天的楚军兵士，呆呆地听着，痴了，倦了，泪流满面。项羽很伤感，原来，楚地都已经被汉军攻占了，天下之大，再也没有了自己的容身之地，当年陪伴着自己起事的那些熟悉的面孔，慢慢地消失在岁月里。越来越多的亡魂在天空中看着自己吧，不知道，这回荡在天地间的歌声，能不能陪他们，回到故乡。

虞姬劝慰了项羽几句之后，伏剑自杀，那一刻，想想曾经被刘邦踹下车的吕雉，应是不悔。

> 妾本江南采莲女，君是江东学剑人。
> 值妾年华桃李季，姬歌和赋伴君仪。
> 天时人事有兴灭，云雨纵横负手空。
> 贞心甘向秋霜剑，不屑含情学汉妆！

对于一个男人来说，项羽已经失去了所有。他的事业灰飞烟灭，他的梦想早已迷失，他的爱人，也为了自己香消玉殒。他无力去继续他的事业，因为刘邦不会放过自己；他无力实现梦想，因为这最初的梦想早已经变了味道，一个勇猛无双的男人，却只能眼睁睁地看着妻子自杀在眼前。那一刻，穷途末路的项羽，已经不知道该如何活下去，那一刻，他也许会想起当年的峥嵘往事，想起那次咸阳城外的饭局，想起自己与整个世界战斗的几十年。

或许，他会后悔。

🌸 乌骓最是有情马

擦干眼泪，项羽披挂上马，霸王戟寒光依旧，乌骓马纵横如常。最后的八百楚军与项羽向南突围，刘邦发现之后，令灌婴率五千轻骑一路追击，项羽一路且战且退，到乌江边，仅剩二十八人。此时，项羽已经心存死志，胸中豪气喷薄，对手下说到：

> "我项羽戎马八年，先后大战七十余次，所向披靡，无人能挡。今天，我困在这里，是天意吧！现在，我带领你们，我们来看看，到底是我们战斗不够勇敢强大，还是确实是老天容不下我们！我们二十八人，对面有叛兵数千，我们一次冲锋，要冲破汉军最外层的包围，两次冲锋，斩杀一名汉军将领，三次冲锋，砍断汉军的大旗！"

项羽和众人约定，四面冲击，在山的东头回合，一声呐喊，项羽冲入重围，势不可挡，部下骑兵，跟随冲击，一招之下，当场斩杀汉军将领一人，即将冲破敌阵的时候，挥舞霸王戟，砍断汉军军旗，斩杀百十人。等到冲至约定地点，清点人数，死了两人。

一路拼杀，项羽身边的骑士一个接一个地倒下了，到了乌江渡口，只剩下他一人了，此地的亭长恳请项羽上船渡江，回到江东楚地，再图霸业，然而此时的项羽应该已经想明白，自己的梦想到底是什么。称霸天下固然很好，然而他却并不能确实地背负起来，因为他不够聪明，不够精通权谋，不够懂得衡量得失与取舍。与其如此，又何必一定要渡过乌江，再兴波澜呢？于是他将乌骓马送给亭长，笑道："天意如此，我当不了这帝王，还过什么乌江。当年与我一同出来的八千江东子弟，如今都已经埋骨他乡，我又有什么脸面再去见他们的父老！即便是大家不怨我，可是我自己的心，无法原谅自己。您是长者，我这匹乌骓马跟随我数年，神骏无比，今天，我实在不忍心让它与我赴死，就请您把这乌骓马，渡过乌江吧！"于是项羽下马，一个人，向着如同潮水般涌来的汉军，发起了一个骑士最后的冲锋。

> 下马步行，持短兵接战。独籍所杀汉军数百人。项王身亦被十余创。

——《史记》

掩卷长思，破釜沉舟的悍勇让多少人热血沸腾；争霸天下，无数次的背叛却依旧没能让这个勇敢的将军屈服。在这个以成败得失论英雄的世界上，反而如同一个迂腐的贵族，只愿意步履蹒跚、踉踉跄跄地继续向着那个变了味道的梦想艰难爬行，不屑于向权谋和出卖低头，不想要阴暗的利益，只追求阳光下挥洒汗水和鲜血搏来的胜利。在项羽的眼中，只有不屈的战斗、刚烈的搏杀，才是堂堂正正的处世之道。然而，自古以来，先贤们早已将因势利导、明哲保身的哲学广传天下，只有活下去，才能实现梦想，只有顺势而为，才能如水般长久流淌，磨穿坚石。而炽烈的燃烧，纵然耀眼辉煌，却不能真正稳健地达到目标。所以，若是那乌江之畔，是汉王刘邦，那么他必定会毫不犹豫地登上渡船，因为他的梦想，是成为这天下的主宰，成为一个王朝的奠基人和开拓者，成为一个伟大的君王。所以即便他输掉了很多，他依旧能够再次挣扎着寻找机会，因为在他的梦想面前，所有的失败，都要给继续前行让路。

然而，这也许不可惜，毕竟没有什么宏伟的理想能够在一朝一夕之间实现，这个世界需要长久的坚持，然而这份坚持，要以理想之名而燃烧，即便短暂，但依旧灿烂。

滚滚乌江，见证了千年的兴衰荣辱。项羽和这个世界格格不入，因为他坚守着那份看似迂腐的贵族风度、骑士精神，他天生就是一个打破常规和沉默的搅局者，即便碰得头破血流，这个孤独的骑士也将继续坚持，直到身体和灵魂，完全覆灭。

打败了项羽的并不是韩信、英布、灌婴等汉军名将；消灭了项羽灵魂的，也不是数十万汉军。项羽最大的敌人，只是我们这个越发粘稠并不清爽的世界。哪怕千军万马，哪怕背叛出卖，哪怕全世界都是他前行路上的荆棘，这个孤独的骑士，也依旧骑着他的乌骓马，踏踏踏地驰骋在我们的心里。

一生常在逃亡路，何怪君王与萧何——韩 信

这一辈子，他在不停地逃跑。每一次都看似走向了更好的人生：从忍受胯下之辱几乎饿死的市井平民，从士卒到霸王帐前执戟郎，从执戟郎到刘邦麾下，最终位极人臣。言语间还定三秦，奠定西汉王朝东出崛起之基业；智计百出，背水一战威震天下；运筹帷幄，南征北战，攻无不克，战无不胜。直到挥师垓下，十面埋伏，逼得项羽落得四面楚歌英雄末路难逃一死。但这并不是他的终点，面对新的战场，他再一次选择了逃跑。这一次，他失去了一切。让人不由得叹一声：生死一知己，存亡两妇人！他，叫韩信。

屠夫何苦为难草根，真是草根？

秦末，二世严苛无道，群雄并起，"伐无道，诛暴秦"的口号，伴随着起义军歇斯底里的呐喊，和着四起的狼烟，让空气中弥漫着死亡的味道。一场席卷天下的战争，再次拉开了序幕。北击匈奴的蒙恬早已死在了阴暗的牢房里，掩埋着无数尸骨的长城再也不能保护风雨飘摇的王朝。乱世已成，残阳似血，罡风如刀。

楚地项氏，世家贵胄，登高一呼，豪杰云集，一时间旌旗烈烈，长剑如雪。这其中，有这样一个出身草根的年轻人，怀揣着角逐天下的梦想，投身军旅。谁也没有想到，这样一个看似普通的小兵，后来却成为了决定格局的最重筹码，满天将星中最闪耀的一颗。他，叫韩信。

虽然苍茫大地上战火连天，但是淮阴小镇却似乎没有受到太大的冲击，是了，江南富庶，物华天宝，淮阴也不是地处要冲，兵家必争之地。小镇上并不是所有人都会去关心龙椅上坐的人到底是谁，人们更关心劳累了一天之后，是不是能沐着余晖回到自己家的小房子里，吃上一顿不算好也不算坏的晚饭。

当年秦王一扫六国，北击匈奴，南平百越，辉煌的战功震古烁今。然而北方塞外呼啸的风吹得过长城，却吹不过长江，南面蛮荒粗野的部落酋长们似乎也离人们的生活很远很远。除了有些祖上留下来的谁也看不懂的"祸乱之书"被官府拿去了，似乎也和当年没什么不同。

噢，还是有一点不一样的，现在谁家也不能私自保存武器了，不过也还好，这片安静的土地上，好像也不怎么需要舞刀弄枪。听说所有收走的反书都在咸阳城旁被一把大火烧成了灰，所有兵器，都被熔掉了，铸成了十二个金人，宏伟极了。

> 隳名城，杀豪杰，收天下之兵，聚之咸阳，销锋镝，铸以为金人十二，以弱天下之民。
>
> ——《过秦论》

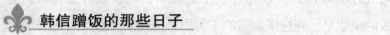 ## 韩信蹭饭的那些日子

这座安静的小城中，却有这样一个奇怪的年轻人：身形高大，体格硬朗，言语间，总是念叨着一些谁也听不懂的家国天下。眉宇间，似乎还隐约有着骄傲的神气，家里也没有什么人，谁也没见过他的父亲，倒是老母亲去世的时候，明明只有一人，又穷得很，但是却找了一片非常大的墓地，说是他家的了。

仅仅如此，还说不上太奇怪。最让大家不能理解的是，这个穷得叮当响快要吃不上饭的家伙，不去好好谋个营生不说，居然有一把剑！更真奇怪的是，他不但没有掩藏起来，竟然还佩着剑满街晃悠！

要知道，这可是犯了王法的！

不过这个小镇里大多都是些淳朴善良的乡人，也想不到去官府上告这个无父无母的苦命青年了。况且，听说外面又打起仗来了，

谁还顾得上这些呢。而且，老爷们也都很厉害，很威风的罢。

　　但是整天挂着剑游手好闲定然是不行的，尤其是祖上也没留下什么钱财，不去好好干活，自然也就没有饭吃。光是长得高大，嘴上能说，可不能当饭吃。于是这个饿得迷迷糊糊的青年开始在左邻右舍蹭饭吃了。

　　"且听我说，你等可知，古有太公，以道驭术，道至深处乃成一，一成太极，后有顺天应地，乾坤两仪，再有三才，方分四象，借势五行，纵横六合，能驱七星北斗。世间玄机，本有十六，尽被窥尽，遂天令其亡，退而成八卦，八卦生九宫，九宫化十方！"一边说，韩信一边伸手抓向桌上的饭食，放在口中含混着，又用手指沾了点清水，在桌子上比划着。

　　大家谁也不太听得懂，这个人絮絮叨叨地说着吃着，不时还抽出宝剑，向西北边挥舞着，笑着骂着，喃喃不清似乎在说什么灭国之恨，不共戴天，拍打着桌子，纵声嘶喊，闹累了，似乎有眼泪流下来。

　　当然大家不太能理解这个疯疯癫癫的家伙，但是知道这个高大的青年还真是挺能吃的。偶尔来吃，家里有小孩子的听着他胡说八道，虽然不懂，却似是有几分教书先生般抑扬顿挫的声调，又会耍闹，左邻右舍们也就把他当成一个消遣来看。可是若只是消遣也罢了，总来吃饭，大家也都有些厌烦了，毕竟外面的大人老爷们在打仗，兵荒马乱的年节，谁家也不富裕。

　　但谁也没想到，这个在街坊里蹭不到饭吃的家伙居然扬着头就奔着大老爷家去了，远远的，破旧衣衫上的补丁和窟窿似乎也看不太清楚了，居然有几分公子翩翩、执剑徐行的风度。那一刻，喧闹的街巷好像静止了，阳光被晃动的枝叶打碎了，散在石板路上，披在青年的肩膀，如同王子金色的冕服。

"大老爷竟然对那个疯癫癫的韩信施礼了！"这个消息就像一阵风暴般吹遍了小镇。当然，这消息来得快，去得也快，毕竟都是大人之间的事情，小民们还是不参合的好。不过没想到韩信居然从一个无赖摇身变成了可以和大老爷们说话吃饭的人，想来应该是那把宝剑，是个什么稀罕物罢。

> "秦失其鹿，天下共逐之，淮安原为越地，鱼米富庶，民风淳朴，未受其乱，而今南北数地，下尽是饥民，上多是遗老，六国人心不稳，函谷金城，虽仍有信臣精卒，陈利兵呵斥天下；少府章邯，通战策所向披靡。然上将蒙恬枉死枯牢，北地铁骑三十余万群龙无首；重臣赵佗拒应号令，南越雄师五十余万按兵不动。朝堂胡亥赵高奸佞之辈，骊山迁徙伏法之军，又怎能尽灭天下狼烟！"

韩信似乎是有些累了，但是不知为什么，苍白的脸庞上浮起了一丝病态的血色。手舞足蹈的样子让人有些想要发笑，可是通红的眼睛中闪烁着令人心悸的光芒，乡长也似乎感到了有些局促，不敢和这个看起来疯疯癫癫的年轻人对视。

天色渐渐暗了下来，乡长邀请韩信一道用餐，并对他说到："韩先生他日，必不是池中之物，久闻市井闲言碎语，今一见之下，方知先生大才，我等井底之蛙，与先生，天地之别！不知先生日后，有何打算？"

也许是累了，韩信已经从亢奋的状态中恢复过来，他摆摆手，有些自嘲，有些调侃地说道："我只不过是个落魄匹夫罢了，说得上什么打算呢，大人愿听韩某荒唐谬论，我心甚慰，如蒙不弃，信请先在大人处度些时日，待到他日机缘一到，必不忘今日之恩。"

两人相谈甚欢，吃吃喝喝。渐渐地月亮升起来了，韩信拱手告辞。

第二日，韩信再度登门拜访，两人像是有说不尽的话，当然只是韩信在说，乡长不停地在点头。就这样，几个月过去了，乡长觉得受益匪浅，可惜家里的老婆不这样想，她听不懂韩信在说什么，也不太明白丈夫中了什么邪，但是她知道韩信这个人每天白吃白喝她家的酒菜，让她非常不满。于是，她决定每天早起，在韩信来之前，做好饭，先行吃完。

韩信发现了之后，非常生气，恨恨地拂袖而去，耳边乡长和自家婆娘的争吵声渐渐听不清了。

经过这件事，大家原本对韩信产生的敬畏又莫名地消失了。"原来也不过如此而已，他还是去别人家蹭饭食，游手好闲罢了！"

韩信依旧没有找到什么好营生，只好每天跑去河边钓钓鱼，饥一顿饱一顿。这一天，没有钓到鱼充饥，饿了许久的他终于昏倒在小河边。迷迷糊糊中，听到了有人在呼唤他，睁开眼来看，却是几个漂洗衣物的村妇。

其中一人觉得韩信实在可怜，于是把这个年轻人叫到自己家里，每日虽然是节衣缩食，但是好歹也给韩信带上了一口吃的。饱尝人间辛酸苦楚的韩信表示，自己将来一定要报答这份恩情，然而，没有想到，这个村妇却很生气地拒绝了。

"我看你气度不凡，却不能自食其力，感到很生气很惋惜，难道我做这些，是为了你的报答吗?！"

信钓于城下，诸母漂，有一母见信饥，饭信，竟漂数十日。信喜，谓漂母曰："吾必有以重报母。"母怒曰："大丈夫不能自食，吾哀王孙而进食，岂望报乎！"

——《史记》

 ## 韩信钻过胯下到底怎么想的

原来，真的有人可以，但行善事，不问前程。村妇虽贫贱，其品性自高洁，她可以不问前程地去凭着本心做事，但是韩信终于觉得，自己，要去"问个前程"了。

然而前程不是说问就问得到，一日，韩信走在街上，忽然间有个屠户挡住了去路，高声喊叫："你这个人，空有一副壮硕皮囊，整日游手好闲，还要装腔作势配着宝剑，你真的会用吗！"说罢哈哈大笑，引得街上围观的乡民越来越多。

日子虽然无聊，外面的战事好像听说越来越激烈了，但是这个小镇里，却还没有那么多的谈资和消遣。大家虽然知道这个屠户也就是个腌臜无赖，但还算是自力更生，凭本事自己得口饭吃的人，比起韩信这个疯癫癫的家伙，也说不上谁更不讨喜。这两个人在街上争吵，那可是值得去看一看的！

何况，韩信这个人身上，总是隐隐有着一股让人不舒服的气息，他于这个平静的小镇是如此的格格不入，虽然没什么真本事，却还总是一副昂扬的神气，这次碰到这事，也算是给他个教训！

屠户见到围观者越来越多，更是心中大喜，这个好像公子哥一样的破落户，也不过如此，若是自己好好教训他一番，那乡亲们许是会高看自己一眼的！

"你不要拿腔作势，我就站在这里，你敢刺我一剑？若是不敢，来从爷爷裆下钻过，给乡亲们看看，说不得，大伙拾到乐子，赏你顿饭吃！"

韩信不动，袖子里的指节捏得发白，这等市井无赖，若是当年，一剑杀了，自是无人敢说什么，而如今，罢了，若真伤了这泼皮，被人拿住送了官府，韩姓世家，也就自然到此了结了吧。

周围的嬉笑声和起哄声越发响亮，屠户砰砰地拍打着胸脯，那股子得意洋洋的气势似乎顺着满脸的横肉逸散出来，推搡催促着韩信，似是要动手斗殴了。

当年六国覆灭，大家都逃跑了，如今到了这般境地，难道还要再逃下去吗？想起那些断后战死的军士，那些为了能够保存复国种子而隐姓埋名忍辱偷生的亲人，他们，应该就在看着吧，杀了这个泼皮，再逃吗？往哪里逃呢？

韩信慢慢地弯下腰，就这样一步步钻过了屠户的裤裆，周围的哄笑声他似乎是听不到了，因为他明白，这一次，自己终于没有逃。

> 淮阴屠中少年有侮信者，曰："若虽长大，好带刀剑，中情怯耳。"众辱之曰："信能死，刺我；不能死，出我袴下。"于是信孰视之，俛出袴下，蒲伏。
>
> ——《史记》

大伙笑着，骂着，看着这个装作"贵公子"的家伙如此狼狈落魄，竟然有奇妙的快感，不是王孙贵族，装什么样子，难道宝剑是随便就佩戴的吗？就算是祖上曾经阔过，可惜现在什么也没有，那还有什么可神气的呢？

习惯了平庸人生的乡民们，并不知道真正的贵族不仅仅是有钱有权而已，在他们看来，生活如此艰辛，不能够成为有权有钱的老爷们，那么去戏耍一下自己圈子里的另类也好吧，毕竟，我们如此困苦平庸不愿抬头看看天空，凭什么更贫穷的人居然要去追逐太阳呢？

可惜，乡民依旧是乡民，贫困依旧是贫困，欺凌比自己更弱小者带来的快乐，成为了他们生命中最好的消遣，殊不知，命运也在安静地消遣着每个人的人生。

难道范增不如萧何，不识人才？

韩信离开了这座安静如死水般的小城，准备投身伐秦军旅。首先，他先想到了离淮阴最近的楚军项梁。因为项家世代为楚国贵胄，一门忠烈，又有着坚决的反秦决心，最主要的一点是，项氏有着角逐天下的决心和实力。

韩信看了看自己宝剑，或许跟着自己也是不甘心的吧，一直在逃跑，一直不能出鞘，何其悲哀。自己也藏在那个破旧的剑鞘中太久了吧。如今，那热血不曾冷却，那决心不曾蹉跎，理想的利刃即将要划破厚重的阴霾，让这锋锐的寒光，耀眼绽放！

然而并不是所有人都能够为别人的理想提供平台，并不是所有人都觉得思想的武器比刀枪更锋利。项梁挥师北上，渡过淮河，一路高歌猛进。他觉得自己需要的不是谋士，而是悍不畏死的战士。韩信虽然胸怀锦绣，然而他却并不是一名悍勇的士卒。

这场战争刚刚开始，运筹帷幄的博弈仅仅在那个小小的帅帐里，与一名默默无闻不够勇猛的士卒毫无关系。韩信的痛苦依旧在发酵，没有人愿意去试图理解一个小兵，也更没有人觉得应该去参考一下小兵对战争局势的判断和看法。

项羽到底没有吸引住韩信

然而当章邯的部队击溃了楚军，项梁力战身死之后，他换了个长官，出身贵族的项羽开始继承项梁的意志。韩信的状态发生了微妙的改变，因为一个具备着世家子弟气息的小兵，在周围这些豪勇粗犷的汉子中显得那么格格不入。项羽注意到了韩信，让他做了自己的亲卫。

吸引项羽的是韩信独特的气质，楚霸王觉得这个年轻人似乎是有些与自己相同的气息，然而也仅仅如此而已，惨烈的战争中，项羽没有多余的时间再去细细感受韩信身上那种若有若无的气质。虽然韩信从普通的小兵变成了执戟郎，获得了走进帅帐的资格，但是也仅仅是走进帅帐而已。

韩信很苦恼，因为他发现项羽欣赏的并不是他的智谋，他欣赏的是自己身上若有若无的那种同类的气息，有落魄市井依然没有磨灭的自我重视，对所谓贵族的气质足够重视，同时，还有一个足够宏大的梦想。

可惜固然两人都有梦想，然而项羽喜欢的是用自己的刀剑来践行，而韩信对那种腐朽而厚重的侠客精神嗤之以鼻。他觉得那是匹夫之勇，不足以成为梦想足够坚实的基石。而项羽却觉得，阴诡权谋到最后，还是要凭力量来说话，在足够的武力面前，所有的权谋，都不过是一群没有力气挥舞刀枪的可怜虫活在虚幻中的梦呓罢了。

两人同是有着宏伟的梦想，然而项羽所理解的力量和韩信所理解的力量有着本质上的区别。楚霸王向来并不是很看得起谋士，但是他尊重贵族，尊重那些有着光辉荣耀传统的世家子弟，所以韩信能够多次出入帅帐，就战争的局势提出相应的谋略和判断。然而项羽，却不会为了尊重韩信而改变自己对于实践梦想所认可的道路。

悍勇的楚霸王南征北战，足够强劲的力量和勇猛的意志，让本已经风雨飘摇捉襟见肘的秦王朝无力应付，这更加深了项羽对武力的认知，越发看不起这些出谋划策的智囊。此时，莫说是韩信，就是范增的话，项羽也并不完全当回事了。

然而得不到认可的韩信并不甘心，他固然欣赏项羽看似腐朽的贵族风度和骑士精神，但是他更在乎自己的梦想是不是能够实现。可是韩信并没有什么信心去改变一个孔武有力的项羽，他尝试着去左右决策，可惜遇到了挫折。

韩信的决心停留在实现自我，奔向自己想要的前程的层面上，并没有足够的耐心和勇气去凭借自己的能力改造和转变楚霸王的思维模式。因为他觉得这样做并不能有一个明确的结果，如果拿出精力先去构建一个自己实现目标的平台，不如换个平台算了。

换个合适的君主显然比改变项羽更容易，熟读兵书的韩信喜欢把一切都调整到自身可以掌控的程度，他讨厌把命运寄托在别人身上，因为世间万物，最难以掌控和调整的，就是人。

即便将来换了君主，自己也并不见得就能够完全与之契合，但是至少要比现在要简单，至于以后再出现什么问题和坎坷，那就以后再说。所以让韩信决定逃离项羽的并非仅仅是不受重用，另一方面，是他天生对于挫折的应对不够坚决，出现了棘手的问题时，韩信首先想到的，不是改变而是逃离。

项羽欣赏的是韩信的贵族气质，而不是他的兵法权谋。但是范增这个谋士却需要考虑到这些项羽所看不起的隐藏危险。因为范增明白，很多时候强大的武力并不能解决一切问题，有太多的凶悍猛将死在不起眼的阴谋诡计之上。

范增在考虑着如何能够改变项羽的思维，在思考如何能够把智谋应用在楚军的战斗上。足够聪明的范增并没有发现韩信的才能，或者说，他并不想要去发现，因为亚父觉得目前最重要的问题并不是缺少人才，而是人才不能够为项羽所用。

假如萧何没有追上韩信

于是韩信逃走了，起初在刘邦麾下，也并不受到重视，然而终于在阴差阳错的情况下，得到了萧何的认可和赏识，以至于当他再次逃跑的时候，萧何不顾一切地去追逐他。

难道萧何比范增更能判断局势、识别人才吗？

范增在和天下各路诸侯斗智斗勇的同时，还需要去和自己的君主项羽周旋，说服以至于费尽心力。两鬓斑白的老人就像一台超负荷的电脑一样不间断的运转着，他需要处理的文件太多，以至于像韩信这样并没有什么实际资历的病毒，他根本顾不过来。

反观萧何，自刘邦起兵之日，原本就负责县内官员选拔的他继续负责刘邦的人事选拔和后勤工作，他身边有足够多的支援和辅助，当攻破咸阳，在其他将领忙着去争夺金银美人的时候，他可以抛开一切俗务，整理收集秦朝的国家户籍、地理资料和法令档案。萧何可以静下心来去整理收集这些资料，并且劝谏刘邦，正是因为他无需相争，所以才能够得到相应的权力和资源。

当韩信从项羽身边逃跑的时候，范增的精力还集中在要设计出足够有价值的建议和计策，同时说服项羽采纳他的建议和计策也把这个老人最后的一丝余力也耗尽了。而萧何则可以把足够的精力集中在发掘人才和掌控人才上，因为当刘邦需要计谋智策的时候，张良、陈平、曹参等等谋士足够可以提供支撑，当需要冲锋陷阵的时候，还有夏侯婴、樊哙等人浴血沙场。

反观项羽，他手下固然猛将如云，然而他身先士卒冲锋陷阵的次数，要远远超过刘邦，一个决策者需要亲身参战的时候，就注定了项羽没有足够的精力去组织和筛选智囊。何况，楚霸王自己认定的力量，始终停留在跃马冲杀和雪亮刀锋上，这也导致了他拒绝和认同谋臣提出的意见，并无形中给谋士范增等人，制造了厚厚的障碍。

韩信逃离了项羽，历经坎坷，凭借着夏侯婴的赏识举荐、萧何的月下相追，以及刘邦最终给予的信任和依赖，终于登上了他想要的舞台。那一刻，所有蹉跎的年华，所有悲伤的寂寥，灰飞烟灭。韩信终于开始走上只属于他自己的人生的巅峰。

当初从项羽那里的逃跑，来到刘邦麾下初期的不得志，以及将要被连坐斩首的恐惧，都随着韩信那一声："上不欲就天下乎？何为斩壮士"发生了质的转变。他明确无比地击中了刘邦的要害，以天下为筹码，这声歇斯底里的怒吼，承载着对命运的抗争，振聋发聩。

于是就此韩信的命运发生了巨大的转折，他开始走进萧何的视野。一个有足够耐心和准确判断能力的萧何，终于发现了这个与众不同的士兵。然而刘邦市井出身，他并不如项羽一般，能够欣赏韩信的贵族风度，所以并没有完全采纳萧何的推荐。

但是韩信得到了萧何的认可，大将之才和宏伟的梦想，让萧何击节赞叹。以至于当韩信不得志准备再次逃跑的时候，萧何抛下了一切繁文缛节，月夜疾追，并且再次郑重地向刘邦提出了推荐。

月夜下，茫然纵马的韩信不知道自己的路在何方，然而萧何却知道，自己和刘邦将来需要何去何从。那一刻时间仿佛凝固，银色的月光如太阳般温暖，韩信那被现实嘲笑到体无完肤的梦想悄悄复苏，他不知道应该再逃到哪里去，但是萧何的诚恳和对未来的指引，终于为这个坎坷的年轻人，铺开了一幅足够广阔的画卷。

那一夜，哀嚎的夜风不再冰冷，前路的迷雾渐渐消散，当萧何终于说服刘邦拜韩信为大将的时候，历史的轮盘再次被命运拨动，改变了刘邦，也改变了萧何，更是改变了韩信，最终的归途。

兵仙想没想过未来，政治小白？

初见刘邦，韩信的一番关于楚汉实力的分析，和对整体局势的判断，就深深地打动了这个看似市井、实则野心勃勃的汉王。韩信终于把自己对于力量和强弱的观点和思维，成功地放进了刘邦的脑袋里。他并没有否定武力的重要性，而是剖析了在以天下为目标的博弈中，最重要的筹码，到底是什么。

虽然项羽勇悍远超刘邦，而汉王却依然有东争天下的机会和资本；有了韩信对项羽性格弱点的无情判定和奠定了汉王朝基业的还定三秦，当年的所有屈辱和苦难，都变成了无比坚定的力量。正因为在项羽帐下多年的那段蹉跎岁月，才有了最后彻夜长谈之后，能够说服刘邦毅然决绝进兵关中的足够资本。

危难之时显身手

现实是最好的论据，韩信的还秦战略得到了刘邦的认可和支持，他不再是那个无人理解食不果腹、忍受着胯下之辱的流浪公子，他也不再是那个毫无力量战战兢兢的执戟郎。他的军旗所指，自有千军万马慷慨赴死；他的长剑所向，凝聚着忠臣猛将争夺天下的决绝意志。

这一切，如同梦幻。韩信不希望这个梦醒来。因为他从来没有品尝过权力的滋味。

暗度陈仓的奇兵成为了军事历史上的传奇，败退自杀的章邯成了韩信剑下的第一缕亡魂。意气风发的公子再次来到了恢弘的咸阳城外，那一刻，震天的喊杀声中，有一声叹息，对命运，也对时光。

刘邦集团一步步开始向着梦想前进的时候，项羽却正在为当年齐地分封留下的隐患买单。当韩信清晰地剖析了项羽的弱点之后，这一次出兵，获得了完美的结局。每一名刘邦谋臣都明白自己应该向什么方向思考，每一个汉军武将都清楚面前的敌人该如何扫平，而楚军，却在项羽的率领下，四处奔袭，征战不休。

终于，项羽对那个发号施令的义帝产生了不满，因为当初辅佐的放羊人并不能够继续去实践项羽古老淳朴的梦想。于是，项羽不再甘心做一个周天子的楚怀王，而开始试图控制和制衡辅佐他登上帝位的江东项氏，然而，对于阻碍自己梦想的一切，项羽都习惯了用刀剑去解决。于是九江王英布在楚霸王的命令下杀死了义帝，就此，点燃了原本就余烬未熄的狼烟。

讨伐叛贼项羽的大旗迎风招展，五十余万诸侯联军势如破竹。远在齐地的项羽也遭到了当地势力的猛烈攻击，疲于奔命。攻破了彭城的汉军意得志满，所有人都忘记了一件事，那就是这次大胜，并没有跟那个悍勇无双的楚霸王真正交火。

项羽从心底是看不起那些当年的诸侯联军的，于是他决定留下主力平定田齐鲁地，自己则亲率三万轻骑闪电突袭。在彭城，江东子弟锐不可当，三万余人，击溃诸侯联军数十万，如狼似虎般驱赶着如同丧家之犬一般的敌人。汉军慌不择路，陷入泗水，后有追兵，又遭到了洪水的沉重打击。一战之下，十余万精兵灰飞烟灭，命丧黄泉。仓皇撤退的刘邦抛下亲眷，一路西逃。

血染长河，折戟沉沙，连老父都落入项羽手中，留下了"灵璧西逃撇幼子，两军阵上弃家翁"的惨烈伤痕，之后刘邦再次遭到了诸侯背叛的沉重打击。而这次楚军大胜，在刘邦智囊集团的运作和彭越韩信等将领的坚持下，并没有转化成完整的胜利果实。

虽然汉军大败，但是韩信却依旧清晰地明白战争的局势，并不是一场疯狂的杀戮就可以力挽狂澜。比刀剑更加锋利而致命的力量，隐藏在呛鼻的硝烟之中，汉王依旧掌控着如此力量，他也明白，在实现梦想的过程中，必定会付出血的代价。

汉军退回关中之后，韩信却更进一步迈向了权力的巅峰，被加封左丞相的韩信得到了极大的话语权。韩信开始在北方主动出击，以疑兵之计迷惑魏王，随后乘木桶、木盆强行渡河，奇兵突进，直扑魏国首都安邑，擒获魏王豹，改魏国为河东郡。

> 汉之败却彭城，塞王欣、翟王翳亡汉降楚，齐、赵亦反汉与楚和。六月，魏王豹谒归视亲疾，至国，即绝河关反汉，与楚约和。汉王使郦生说豹，不下。其八月，以信为左丞相，击魏。魏王盛兵蒲坂，塞临晋，信乃益为疑兵，陈船

欲度临晋，而伏兵从夏阳以木罂鲊渡军，袭安邑。魏王豹惊，引兵迎信，信遂虏豹，定魏为河东郡。

——《史记》

韩信的胜利成为了说服刘邦的最有力筹码，随着魏国战事的进展，韩信提出了分兵东进、会师荥阳的宏大战略。纵然前路尽是荆棘，而这个骄傲的公子，却并没有把项羽及其从属放在眼里，上书刘邦，短短二十余字，就定下了击败项羽的整体战略：

北举燕、赵，东击齐，南绝楚之粮道，西与大王会于荥阳！

——《史记》

韩信睥睨天下的傲气至此展现无遗，手握重兵，据险而守的燕、赵、齐等北方诸侯丝毫没被他放在眼里，未曾出师，早已锋芒毕露，凛凛的寒光伴着扑面而来的杀气，让几十万北地雄兵成了韩信梦想中最好的注脚。

刘邦也展现了一个君王所必须具有的气度和勇气，正面拼死抵挡楚军的同时，又给韩信补充了三万精兵，毫不犹豫地把一切筹码扔上赌桌。他的果决和信任，让韩信感到了沉甸甸的托付，以胜利为名，梦想的旗帜在韩信心中烈烈作响。

❧ 一举拿下燕赵齐

公元前 204 年，韩信、张耳率几万汉军，突破太行山天险，在号称天下九塞之一的井陉口雄关外三十里处驻军。当夜，韩信调兵遣将：遣两千轻骑，携汉军战旗潜伏在抱犊寨山，待战事一起，冲入敌营，遍插红旗；一万步军，连夜偷渡绵蔓水，背靠河岸布阵坚守；自己则率领部队，亲身做饵。

天亮了，刺目的阳光下，韩信竖起了大将军的帅旗，又命亲兵，大行仪仗，声威赫赫，主动出击。赵军惊疑地发现，汉军临河布阵，有悖兵法，兵陷绝境，又有大将军帅旗同在死地，若是优势兵力攻打，必将一战功成。于是，赵军将帅无不踌躇满志，争先恐后。

韩信率部与赵军在狭长的战场短暂交锋之后，故意丢盔弃甲，扔掉帅旗仪仗一路后撤到临河绝境。混乱的赵军一面争夺战利品，一面向临河阵发起了冲击，倾巢而出的赵军数倍于韩信部队，然而没想到，汉军置之死地，前有强敌后有大河，不进则死，拼死抵抗，赵军久攻不下，决定撤兵回营。

而埋伏的两千轻骑，却在此时冲入赵营，遍插汉旗，虚张声势。撤退中的赵军远望军营，却看到汉军红旗早已漫山遍野，看似主营已被攻占，军心大乱，韩信衔尾而来，追杀撤退中的赵军，军心动摇的赵国部队被悍勇搏命的汉军一路追击，发生了连斩杀逃兵都难以遏制的大溃败。

以彪悍善战著称的北方赵国，数十万精兵猛将经此一役土崩瓦解，汉军后有将领不解，问韩信："兵法有云，布阵应右背山陵，左对水泽，如今将军却背水为阵，却建奇功，为何？"

飘扬的军旗下，韩信意气风发，所有的兵法在胜利面前都显得那么苍白无力，韩信回答道："此在兵法，顾诸君不察耳。兵法不曰，陷之死地而后生，置之亡地而后存！"

背水一战，就此成为了战争史上的传奇，韩信随后善待赵国谋臣，虚心请教广有贤名的名士李左车。而李左车却说："败军之将不敢言勇，亡国之臣不能语政。"回绝了韩信的请教，而韩信却说："百里奚在虞国为臣，不被重用，虞国灭亡，在秦国，却成就了秦国的霸业，并不是百里奚在秦国聪明在虞国蠢笨，蠢笨的，是君王！"

结果李左车被韩信一番话所打动，为韩信迫服燕国、东征齐鲁出谋划策。然而意得志满的韩信并没有发现，当他尊敬名士的同时，也让部属们感觉到，他并不敬畏皇权。

随后，韩信采纳李左车计策，以退为进，故意按兵不动，燕国决一死战的士气也随着时间的推移烟消云散，不堪重压的燕王向汉军投降，就此俯首称臣。

按照李左车的战略规划，迫降燕国之后，应是派说客劝服齐国。然而，韩信此时并没有发现，李左车的计策制定，是建立在为汉王刘邦谋划利益的基础上的。

于是，刘邦派出了很早就追随自己的郦食其游说齐国，郦食其凭着出众的才华，成功说服了齐王。闻讯后，韩信下令停止向齐进兵。

此时的韩信兵威正盛，名震天下，经历过人生大起大落的韩信早已不是那个为了梦想和信念执剑夜行的翩翩公子，任何忠诚在足够的利益面前，都并不是那么稳固。范阳辩士蒯通觐见韩信，说出了那一番改变了韩信人生的寥寥数言。

> 将军披坚执锐，百战攻城，平定赵燕五十余城，功勋卓著，然而郦食其一介儒生，口舌之利，劝降齐鲁之地七十余座城池，论起功劳，你韩信这几年浴血沙场，还不如他！何况，汉王密令郦食其出使齐国劝降，也没有下达准确的命令，此时，楚汉两军焦灼，齐王降汉意动，防务松懈，不如

一举攻破，将来，也可有足够的政治筹码！

嫉妒的烈火熊熊燃烧，原本按兵不动的韩信思量再三之后，挥师东进，偷袭齐国，一夜之间，兵锋直指临淄城，齐王大怒之下，烹杀郦食其，向楚国求援。项羽麾下猛将龙且，联合齐地各路兵马二十余万，猛攻汉军。韩信再一次展现了他卓越的军事能力，连夜制造了万余袋沙包，阻塞淮河，佯装败退，随后诱敌至河道，挖开堤坝，水淹联军，乱军中，击杀龙且，平定齐国。

是什么注定了结局，帝王无情？

当时刘邦与项羽在荥阳战场僵持日久，渐处下风，此时按照既定战略，韩信应率部南下，夹击楚军，而韩信却按兵不动，上书刘邦，请刘邦裂土封王。

此时，在战场上战无不胜的韩信却没有意识到，这一封信，最终成了他的催命镰刀。韩信对于未来的不确定，以及史书中记载的那些功高震主被杀的名将，深深地令这个用兵如神却没有勇气面对政治斗争的公子感到了恐惧。因为历史上，没有任何一部兵书上，记载了如何在官场上克敌制胜。

❧ 当个代理齐王的要求不过分吧

不能通过兵法来掌控命运的无力感笼罩着韩信，他并不打算凭借自己的智谋在将来的政权中获取应得的地位，他也不想把梦想再次寄托在别人身上。他选择了在刘邦处于下风时上书求封。并不是他不懂得所谓政治上的明争暗斗，是因为他害怕去面对一个陌生的战场。

于是，韩信写下了那封让刘邦屈服并封自己为代理齐王的书信，明明大营中戒备森严，固若金汤，而军帐中随风飘摇的烛火映照的，却是韩信仓皇逃跑的背影。

愤怒于韩信封王要挟的刘邦气急败坏，然而却被张良、陈平连续几脚踩得清醒过来，打着哈哈故作愤怒地说："扫平了北方四国诸侯，这份本事，还做什么代理齐王！要做，那就做个真齐王！"于是张良出使齐国，封韩信为齐王。紧接着，项羽的使者也来拉拢手握重兵的韩信，并许以重利，同时，还隐晦地暗示韩信，刘邦其人，冷酷无情，奸诈寡义，将来若是项羽胜了，楚王有足够的诚意和良好的贵族风范，可以与他和平共处，若是刘邦胜了，那一定会铲除功臣。

韩信反复思量，仔细权衡了天下局势，楚使所言并非没有道理，这的确是能够从臣子蜕变为一方帝王的好机会。然而韩信再次犹豫起来，能够看清局势并不代表一定可以果断选择，他明白，做一方诸侯比做一阵营的领袖要容易得多。虽然曾经的野心并未完全冷却，曾经的梦想也没有彻底干涸，但是如果真的背汉助楚，随后将要面临更加严峻的考验，毕竟，欲戴王冠，必承其重。

没有一本兵书写明如何做一个帝王，心思游移不定的人永远不适合做一个君主。韩信渴望站在巅峰，却不想去面对高处凛冽的寒风和无孔不入的阴寒夜雨。与其如此，不如保持现在的状态，没有必要再去为了那个曾经遥远，而今却触手可及的信念付出代价了。

或许，韩信一步步向着梦想前进，快要到达目的地的时候，却发现自己没有准备好。因为他的前进并不果决，这其中，有着太多跟跟跄跄地退缩和逃避。虽然战场之上他可以算无遗策，但是，当需要真正去面对无法计算结果的敌人时，韩信这一生唯一的一次没有逃避，也就只有钻过无赖胯下的那一次爬行了罢。

于是韩信回绝了项羽的使者，大义凛然地告诉对方："我在项羽帐下，不受重用，处处失意，所以我才离楚从汉，而汉王刘邦，给我尊重，给我权力，亲密得像朋友一样对待我，所以，我不会背叛汉王的！"

> 臣事项王，官不过郎中，位不过执戟，言不听，画不用，故倍楚而归汉。汉王授我上将军印，予我数万众，解衣衣我，推食食我，言听计用，故吾得以至于此。夫人深亲信我，我倍之不祥，虽死不易。幸为信谢项王！
>
> ——《史记》

非刘姓而"王"者只能为"侯"吗

韩信终究没有选择自己去做一方君王，虽然那曾经是他的梦想和野心。他并不想继续在另一个战场上开始新的征程，因为，那个陌生的朝堂上，无法预计，无法掌控。

那位曾经劝韩信攻伐齐国的辩士蒯通再次对韩信陈述利害，他希望韩信能够成为牵制楚汉两国的第三方力量，进而三分天下，问鼎中原。韩信此时虽然犹豫，但是只是告诉蒯通自己还是要想想，并没有正面答复蒯通的意见。蒯通很着急，他告诉韩信，论起交情，韩信必然不如张耳、陈余，论起军功，却比白起等人毫不逊色，这天下，已经没有任何空间再给韩信逃避了，然而韩信却依旧没有下定决心，再一次选择了逃跑。

于是韩信挥师南下，在垓下以十面埋伏之计，逼得项羽乌江自刎。蒯通则选择了装疯卖傻，回到民间做一个巫师。

　　天下大定，一切果然如蒯通的判断一般，刘邦收回了韩信的兵权，并且把齐王韩信变成了楚王韩信。随后又寻个反叛的罪名，把楚王变成了淮阴侯。

　　当刘邦不断地压迫韩信时，他杀掉了自己的朋友钟离眜，向刘邦示好，钟离眜临死前曾告诉韩信，自己死去之时，也就是韩信绝命之日。韩信再一次选择了逃避，他并不打算

用常规手段来取得刘邦的谅解，反而杀掉了钟离眜，却没有得到刘邦的信任，他终于离自己的目标越来越远。他曾经想过起兵，想要夺回自己的一切，可惜，韩信再一次选择了逃跑，连反叛这件事，做得也是优柔寡断、犹犹豫豫，最后，并没有真正付诸实行。

　　战场上，攻无不克、战无不胜的将军，却并没有真正的勇气去面对人生的挑战，逃避着，逃避着，不断后退，终于，他无路可逃。

　　当未央宫的钟声响起的时候，这个叱咤风云的无敌名将，命丧黄泉。

胸有大智不定计，甘持长剑做老军——樊　哙

　　一个市井出身的屠户，高祖刘邦最早期的债主，至今还有烹制狗肉的秘方传承后世。粗鲁勇武，鸿门宴上，却机敏多智，挥剑切肉喝酒间，三言两语，就改变了刘邦和项羽两位君王的命运。然而作为一名将领，却不用智计，多次冲锋陷阵，血染征衣，军功赫赫。待到天下初定，诸侯蠢蠢欲动之时，再取长剑，北破燕赵，南擒韩信。虽为吕后妹夫，却不参政，就如一名最质朴的军中老兵。他，叫樊哙。

到底是谁欠了谁的？

秦失其鹿，天下共逐之。当楚霸王项羽跟着长辈出来南征北战、叱咤风云的时候，并不是所有人都有着显赫的家世、名贵的宝剑。

那时候，高祖刘邦还是个沛县亭长。

那时候，兵仙韩信还是个市井混混。

那时候，樊哙还是一个乱世中卖狗肉混一口饭吃的屠夫。

从来，民不与官斗。一个擅长做狗肉的屠户，并没有足够的力量和本钱，开始一番轰轰烈烈的起义大业。虽然天下乱了，然而，金戈铁马与柴米油盐之间，没有什么必然的联系。

这天下不论如何，老百姓总是要生活的。并非一个屠夫有着屠狗的经验，就能够抄起长剑所向披靡。他也清楚这一点，也是了，当项羽披坚执锐地站在烈烈的旌旗之下，指点江山的时候，自己还是好好研究一下怎么把狗肉做得更好吃，以便能够在这个乱世中，糊口吧。

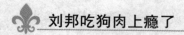
刘邦吃狗肉上瘾了

樊哙孔武有力，然而在这混乱的世道里，他没有选择参加项羽等人的起义部队，也不屑于放下底线当一个盗匪凶徒。他只希望能凭借自己的力气，在这个法纪崩坏的时代，当一个自己养活自己的好人。

天下再乱，百姓也要吃饭。屠户虽然是一个很大众的职业，但是这个世道里能吃得起肉的，也至少都是些衣食无忧的富庶人家了。屠户这行业也有不少竞争者，但是樊哙还是混得不错，因为他认识当官的刘邦。

说起来，再小的官儿，那也是官儿。一个市井小贩并不能趁着天下乱了，就挑战民与官那一层森严的隔阂。刘邦虽然官儿不大，过得也不算如意，但是好歹在沛县，大家还是都要给个面子的。

樊哙并不想浑浑噩噩地过日子，他并不觉得屠狗是一个简单粗暴的力气活。毕竟拿起屠刀宰了狗炖肉虽然是君子不屑的厨子，然而当做得足够好，也是能像这行的祖师爷庖丁一样，在漫长的时光中，留下一段犹如艺术舞蹈般庖丁解牛的神话。

于是樊哙也尝试着，功夫不负有心人，他也似乎渐渐找到了屠狗过程中的"以无厚入有间"，能够按照肉的纹理，切下干净漂亮的狗肉了，加上认真琢磨如何烹煮，他的炖狗肉渐渐成了当地的一道美食。

一个小商贩要是混吃等死，那肯定没有人会注意到，毕竟在这片土地上，平平常常也不会有太多的麻烦。而这下了功夫的鲜美狗肉，终于引起了刘邦的注意。

于是刘邦开始时不时来到樊哙的摊子吃肉，当然，现在天下太乱了，当官儿也不是很富裕。一来二去，这个小官儿刘邦，就欠下了樊哙不少的狗肉钱。当该到了结账的时候，樊哙发现了一个严峻的问题——这个官大人不想给钱。

然而刘邦要是只懂得凭着沛县亭长这点官威欺行霸市，那最后也就没有了绵延数百年的大汉王朝。刘邦虽然混迹市井，作风无赖，但是他依然具备着领袖的特质。即便目下惨淡，也只是眼前。将来，这样一个不平凡的家伙，一定不仅仅是一个亭长。

"霸王餐"吃出了感情

樊哙虽然没有足够的政治眼光和阅历，但是一个能够把屠狗炖肉做得名传乡里的商户一定不像他的外表看起来那么耿直。他似乎感觉到了不平凡的气息，似乎触摸到了时代的脉搏。

然而对于任何一个小商贩来说，总有一个只管吃肉却不结账的主顾都是一场灾难，毕竟屠户只是小本买卖，并不是能够钱财无忧，悠闲度日养着士子的王侯将相。刘邦不结账，他的买卖本小利薄，几乎要维持不下去了。然而樊哙依然没有选择和刘邦吵闹一番。因为他明白，这些狗肉账，将来都会以十倍百倍的利润，来呈现它们的价值。

没有办法，只好先躲一躲吧。于是在河西摆摊卖狗肉的樊哙选择搬到河东。可是这样一来，生意并不像之前那么好，大家还不认识这个屠户，他的买卖，三天没有开张。

然而刘邦三天没吃到樊哙的狗肉了，于是有了刘邦踩着老鼋横渡黄河来到河东寻找樊哙的传说。这刘邦也并不提之前欠下的狗肉钱什么时候结清，只是坐下来和樊哙聊着天，又开始吃狗肉了。

当刘邦出现大吃大喝之后，河东百姓忽然觉得，这个屠户可能不太一般，一个能够骑着老鼋渡过黄河的官员居然不顾形象地坐在他的摊子上吃肉，真是很奇怪。想必这个摊子的狗肉有些特别之处，于是三天没开张的摊子，转眼间售卖一空。

但樊哙并不是很开心，因为刘邦这次显然依旧没有给钱的意思。但通过日常交往看出刘邦不凡的樊哙并不打算因为这件事找刘邦的麻烦，但是那只驮着刘邦过河的老鼋，可没什么势力。

于是樊哙宰杀了那只奇怪的老鼋，并把老鼋的肉扔进锅里和狗肉一起煮。结果加上了这老鼋的狗肉更加鲜美了。但是刘邦不高兴了，因为樊哙屠宰了驮他过河的老鼋，岂不是对自己不满？

于是刘邦收走了樊哙的屠刀。无奈，樊哙改做手撕狗肉了。而这手撕狗肉，加上鼋肉老汤，居然更加好吃了。

虽然刘邦欺行霸市的行径令人不齿，但让人奇怪的是，孔武有力的樊哙居然只是躲避，而不是选择和刘邦翻脸。从后来的历史发展来看，实际上，这一锅锅狗肉，真的是樊哙最早期对君王的投资了。

毕竟，吃了樊哙狗肉，欠账不还的刘邦，为这个不甘心只做一名屠户的樊哙推开了新时代的窗，让樊哙开始触摸到了这个全新的世界。

如此，原来樊哙狗肉的价值如此之大，因为这一锅锅狗肉，恰恰是给予这个时代领袖，最初的人情。

壮士忽悠了楚霸王？

终于，不甘寂寞的刘邦选择开启全新的人生，最早期的朋友们也都跟着刘邦一同开始创造新的秩序。而樊哙这个淳朴耿直的汉子，也就成了刘邦最忠实的支持者。

烽烟四起之时，刘邦渐渐开始拓展自己的势力，当然，任何势力的发展都离不开鲜血和战争。明白自己并不聪明的樊哙为了刘邦出生入死，南征北战，浴血沙场。直到刘邦羽翼渐丰，率部攻破雄关函谷，入主咸阳。

这个时代并非只有刘邦一位领袖，项羽看起来比刘邦更加善战。携破釜沉舟大胜之威的楚军兵临关中，认为刘邦抢夺了自己胜利果实的项羽怒气冲冲，他打心眼里看不起刘邦，看不起这些出身市井的家伙，因为他们没有显赫的家世、高贵典雅的礼仪，也没有世家子弟应具备的荣耀和尊贵。

于是就有了那场中国历史上最具传奇色彩的饭局——鸿门夜宴。

于是就有了那段传唱千古的最为脍炙人口的故事——樊哙闯帐。

项羽愤恨地等着在饭局上质问一下这群草根出身的刘邦利益集团，也做好了挥师进攻的战前准备，这场惊心动魄的晚宴，就这样徐徐拉开了序幕。

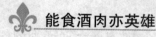

能食酒肉亦英雄

四十万项羽军枕戈待旦，范增、项庄也密谋妥当摩拳擦掌。刘邦率张良、樊哙百余人前来赴宴。一入席，刘邦立刻按照之前张良等人定下的计策，开始不断示弱，不断自贬，甚至放下身段，称自己只是为项羽看守咸阳仓库的臣子。

项羽几乎相信了，因为他并不认为一方诸侯能够放下自己应有的荣耀和尊贵，为了活命如此贬低自己。至少，他认为自己并不会那样做。

然而范增早已看出了刘邦所图非小，一个市井之人，居然能够在拥有力量之后控制住自己的欲望，并且不断示弱争取生存的空间，这样的敌人，太过危险。

> 范增说项羽曰："沛公居山东时，贪于财货，好美姬。今入关，财物无所取，妇女无所幸，此其志不在小。吾令人望其气，皆为龙虎，成五采，此天子气也。急击勿失！"
>
> ——《史记》

随后，范增几次示意项羽击杀刘邦，然而放不下面子的项羽就像没有看到。大急之下的范增叫来项庄，命其席间演剑助兴，击杀刘邦。也就留下了"项庄舞剑意在沛公"的传奇故事。至此，这场暗流涌动的鸿门夜宴到达了最高潮，时代的抉择，已经来到了两位君王面前。

> 沛公北向坐，张良西向侍。范增数目项王，举所佩玉玦以示之者三，项王默然不应。范增起，出，召项庄，谓曰："君王为人不忍。若入前为寿，寿毕，请以剑舞，因击沛公于坐，杀之。不者，若属皆且为所虏！"庄则入为寿。寿毕，曰："君王与沛公饮，军中无以为乐，请以剑舞。"项王曰："诺。"项庄拔剑起舞，项伯亦拔剑起舞，常以身翼蔽沛公，庄不得击。
>
> ——《史记》

项羽有谋士范增，刘邦有智囊张良，看出情况危急的张良来到帐外，召樊哙入帐护主。于是，这位看似粗鲁的猛士樊哙，昂首阔步，走上了历史的舞台。

张良告诉樊哙，项庄意图刺杀刘邦，刘邦情况危急。

樊哙告诉张良，此时我要冲进大帐，与王同生共死。

勇猛的樊哙挥着长剑和盾牌，打翻了守帐的卫兵，冲入大帐，面对威震天下的楚霸王项羽，樊哙丝毫不惧，须发皆张，怒目而对！

项羽拍案而起，剑指樊哙问道："汝乃何人！"

樊哙不语，张良答话："此人是刘邦的车夫卫兵，粗陋匹夫，不通礼仪，不知道我们席间舞剑只是助兴，只以为主人刘邦有危险，于是冲动之下，忠心护主。"

项羽对于世家死士有着别样的欣赏，因为他出身贵族，知道有这样一批死士，愿意为了保护主人不顾生死，他欣赏，并喜爱这样的人。于是，放下长剑，赞了一声："壮士！赐酒！"

樊哙接过一大杯酒，一饮而尽！

随后，项羽又命左右赏赐生猪前腿，樊哙以盾为案，拔剑猛切，大口吃肉。

这样一个看起来勇猛忠诚、粗鲁耿直的卫兵，唤起了项羽的侠士情怀，在他看来，樊哙具备一切他欣赏的卫兵特点——忠诚、勇敢、心地单纯。于是，项羽再一次命左右赐酒，并问了一句："壮士！还能喝酒吗！"

樊哙看起来似乎冷静下来了，不再是那个心急主人有危险而冒失闯入营帐的卫士了。但是，他依旧保持着戒备，维持着没有心机的粗鲁形象，高声答道："我死且不怕，还怕喝酒吗！"再次痛饮，并且看似是酒后吐真言一般，对项羽说道：

"秦王虎狼之心，杀人杀尽，处罚残酷，所以天下反叛！楚怀王曾和诸将约定：'先打败秦军进入咸阳的人封作关中王。'现在沛公先打败秦军进了咸阳，一点儿东西都不敢动用，封闭了宫室，军队退回到霸上，等待大王到来。特意派遣将领把守函谷关的原因，是为了防备其他盗贼的进入和意外的变故。这样劳苦功高，没有得到封侯的赏赐，反而听信小人的谗言，想杀有功的人，你项羽要是这样做了，和已经灭亡的秦王，有什么区别！"

看似一番劈头盖脸的指责，在樊哙之前给项羽树立的"不通礼仪粗鲁耿直"的忠良死士形象的基础上，却毫不突兀，显得如此水到渠成。就像是一个不懂得天下大事、不懂得阴谋计策的士兵，对于一件事情最淳朴的发泄一样。

　　樊哙曰："今日之事何如？"

　　良曰："甚急！今者项庄拔剑舞，其意常在沛公也。"

　　哙曰："此迫矣！臣请入，与之同命！"

　　哙即带剑拥盾入军门。交戟之卫士欲止不内，樊哙侧其盾以撞，卫士仆地，哙遂入，披帷西向立，瞋目视项王，头发上指，目眦尽裂。

　　项王按剑而跽曰："客何为者？"张良曰："沛公之参乘樊哙者也。"

　　项王曰："壮士！赐之卮酒！"则与斗卮酒。哙拜谢，起，立而饮之。项王曰："赐之彘肩！"则与一生彘肩。樊哙覆其盾于地，加彘肩上，拔剑切而啖之。项王曰："壮士！能复饮乎？"

　　樊哙曰："臣死且不避，卮酒安足辞！夫秦王有虎狼之心，杀人如不能举，刑人如恐不胜，天下皆叛之。怀王与诸将约曰：'先破秦入咸阳者王之。'今沛公先破秦入咸阳，毫

毛不敢有所近，封闭宫室，还军霸上，以待大王来。故遣将守关者，备他盗出入与非常也。劳苦而功高如此，未有封侯之赏，而听细说，欲诛有功之人。此亡秦之续耳，窃为大王不取也！"

——《史记》

这样简简单单的几句话，显然说动了项羽。因为项羽看来，这样一个壮士，只懂得大碗喝酒、大口吃肉，为了保护主人不惜和自己针锋相对，简直是忠良厚道的完美卫兵，这样一位心思简单的武夫，说出来的话，应该真的是发自肺腑、毫无心机。

"壮士"不是酒囊饭袋

恍惚中，楚霸王项羽似乎看到了自己年轻时的影子，一个江东学剑的少年为了梦想浴血奋战，为了捍卫梦想而吐露心声。

面对樊哙的指责，项羽居然没有发怒，他看不起市井出身混到和他并列一方豪强的刘邦，却欣赏忠勇憨厚的樊哙。然而项羽没有看出，樊哙看似心直口快的指责，却蕴含着令人拍案叫绝的政治智慧和心理说服力。

首先，樊哙树立了项羽所欣赏的蛮横粗鲁、憨厚朴实的壮士形象。紧接着，这样的一位猛士，为了保护主公，敢冒着被当场杀死的风险闯帐，甚至质问项羽，让项羽只觉得樊哙是个毫无心机的护主武人。

其次，一个自己欣赏的人，能够臣服和尊重自己，那么项羽的心理不自觉地对这个"壮士"产生了认同和信任。这个巧妙的心理把握，令项羽站在了道德的高台上，无法拉下脸皮来真正动手诛杀刘邦和樊哙。项羽得到了樊哙的似贬实褒的夸赞，不知不觉中，就落入了樊哙早已设计好的思维模式中，开始相信刘邦真正是为了自己看守财富，而并非是争抢覆灭秦朝的胜利果实。

而项羽没有发现的是，樊哙反复偷换概念、转移矛盾的技巧，岂是一个吃肉喝酒的莽夫壮士所为。看似鲁莽的闯帐，实际上却是剑走偏锋，似乎危险，却并不有生死之忧。足够了解项羽的樊哙，居然巧妙地让项羽把一个狡猾而有政治智慧的自己，当做了不通谋略军机的壮士；陈述怀王"先入关中者为王"的命令，又隐约中把项羽推到义帝的对立面，同时，把一个野心勃勃的汉王刘邦，替换成了一个被误解的、勤勤恳恳的弱者。

三言两语，巧妙地把刘邦集团的位置从"抢夺胜利果实者"这个概念，替换成了"为大王看家护院，守护财富"。随后，这位看似憨厚的猛士，把"大王项羽远比秦二世更加英明，不会诛杀功臣"这顶高高的帽子抛了出来。

这样一场跌宕起伏的夜宴就这样以一种诡异的方式一步步进入了樊哙的节奏中，随后高祖刘邦借着入厕之名，打算逃遁，又难做决定时，这位"朴实笨嘴的壮士"樊哙，冲着刘邦一声大喊：

"人为刀俎，我为鱼肉，此时不跑，还讲什么宴会告辞礼节？自古成大事者不拘小节！"

于是鸿门夜宴的其中一位主角刘邦虎口脱险，另一位主角项羽原谅了汉王的背叛，把玩着张良送来的美玉，却被自己的亚父范增大骂了一声：

"项羽怎么值得我出谋划策！将来，我们的天下，都是刘邦的了！"

> 沛公已出，项王使都尉陈平召沛公。沛公曰："今者出，未辞也，为之奈何？"樊哙曰："大行不顾细谨，大礼不辞小

让。如今人方为刀俎，我为鱼肉，何辞为。"于是遂去。乃令张良留谢。

沛公已去，间至军中。张良入谢，曰："沛公不胜桮杓，不能辞。谨使臣良奉白璧一双，再拜献大王足下；玉斗一双，再拜奉大将军足下。"项王曰："沛公安在？"良曰："闻大王有意督过之，脱身独去，已至军矣。"项王则受璧，置之坐上。亚父受玉斗，置之地，拔剑撞而破之，曰："唉！竖子不足与谋！夺项王天下者，必沛公也！吾属今为之虏矣！"

——《史记》

就这样，樊哙这个看似粗鲁憨直的"壮士"，靠着喝酒吃肉，三言两语，就将无人可挡的勇猛霸王玩弄于股掌之间，令四十余万联军的强大压力消于无形。毫无征兆地，就成了决定了项羽、刘邦两位君王的历史命运的重要节点。

还军灞上的刘邦就此摆脱了覆灭的命运，避开了与士气正旺、实力占优的楚军过早地展开决战。刘邦所部，得到了宝贵的喘息时间，而项羽，却在随后的分封不均导致的战争泥潭中，越陷越深，甚至命令英布诛杀了义帝楚怀王，彻底站在了天下诸侯和民心的对立面。

将军真的不擅计谋？

刘邦被项羽分封安排到了川蜀那个时期的川蜀一带，显然不是如今富庶的天府之国。地形险恶的封地和三位秦末降将，看似断绝了刘邦东进争霸天下的最后一丝希望。然而项羽没有想到的是，自己帐下的执戟郎韩信，有着卓越的军事才能和良好的大局观。叛逃的韩信成了刘邦的臂助，而自己当年分封的各路诸侯，却成了把西楚霸王折腾得疲于奔命的掣肘。

韩信还定三秦的战略方针显然非常成功。秦地的百姓与三位旧朝叛将离心离德，特别是当年投降项羽，导致数十万关中子弟被项羽坑杀的章邯，更是被民众唾弃为"秦奸"。而当初入咸阳就与父老乡亲约法三章的刘邦，在大家看来，才是拯救这个时代的英雄。

刘邦就此走上了争霸天下的漫漫长路，还定三秦的战争中，樊哙数次身先士卒，第一个登上敌城，斩敌首领，震敌心神，立下了赫赫战功。如此看来，樊哙似乎并不擅长做一个运筹帷幄的指挥者，倒是更像一个冲锋陷阵的死士。

厨师与将军的完美结合

可是真的如此吗？

似乎樊哙从来只是跟随者，他只是不断地跟随高祖刘邦，跟随韩信，跟随周勃，跟随其他精于谋略的名将。然而一个资历和武力都足够强大的樊哙，为什么却总是如此甘心做一个拼杀在第一线的老兵呢？

其实，樊哙并非不通谋略，一个勇敢的武夫可以冲锋陷阵，攻城拔寨；一个优秀的将领可以运筹帷幄，决胜千里。但是樊哙早已明白，不能够提供最完美的战略计策，那么就安心跟随，而将自己勇武的优势与其他汉初名将善谋的特点结合起来，方才是取胜正道。

他或许不通兵书战策，但是，他却精通人生的谋略。或许他的战功在那个将星闪耀的时代里，并不夺目，但是，当他自己亲领部队独自征战的时候，也有着丰硕的战功。显然，光凭着血气之勇，并不可能取得如此稳定的胜利。

在漫长的军旅生涯之中，樊哙立下了赫赫功劳。从最初跟随刘邦起事开始，攻胡陵，平沛县，破泗水，守薛西；与司马枿战于砀东，斩敌将校十五人；濮阳攻章邯，先声夺人，首登敌城，连杀敌官二十三；破城阳，下户牖，大败秦将李由；成武之战，围东郡，生擒敌将十余人；出亳南，破河间，开封以北战赵贲，斩敌首六十又八，败杨熊，攻宛陵，挥师力破黄河渡口；进军武关，战于霸上，威慑之下，有两千九百余军望风而降；独领大军，白水以北败西城，从刘邦，攻雍县，还定三秦战时，水淹废丘，逼得章邯兵败自杀；击退项羽，血洗煮枣；取阳夏，生俘楚军四千有余，困项羽于陈县，屠城胡陵。

至项羽垓下兵败身死，汉王刘邦称帝，平燕地，灭楚郡，兵锋直至云中，大战襄国，攻陷柏人，平定清河、常山两郡二十七县。代南击溃胡将王黄，进军参合，斩赵既，擒孙奋。代国七十三乡俯首称臣。燕王卢绾不满汉帝刘邦，在蓟南兴兵作乱，樊哙引军平叛，连克十八县五十一乡。

　　哙以舍人从攻胡陵、方与，还守丰，击泗水临丰下，破之。复东定沛，破泗水守薛西。与司马枿战砀东，却敌，斩首十五级，常从，沛公击章邯军濮阳，攻城先登，斩首二十三级，从攻城阳，先登。下户牖，破李由军，斩首十六级。后攻围都尉、东郡守尉于成武，却敌，斩首十四级，捕虏十六人。从攻秦军，出亳南。河间守军于杠里，破之。击破赵贲军开封北，以却敌先登，斩候一人，首六十八级，捕虏二十六人。从攻破扬熊于曲遇。攻宛陵，先登，斩首八级，捕虏四十四人。从攻长社、轘辕，绝河津，东攻秦军尸乡，南攻秦军于犨。破南阳守齮于阳城。东攻宛城，先登。西至郦，以却敌，斩首十四级，捕虏四十人。攻武关，至霸上，斩都尉一人，首十级，捕虏百四十六人，降卒二千九百人。

还定三秦，别击西丞白水北，雍轻车骑雍南，破之。从攻雍、㯉城，先登。击章平军好畤，攻城，先登陷阵，斩县令丞各一人，首十一级，虏二十人。从击秦车骑壤东，却敌，迁为将军。攻赵贲，下郿、槐里、柳中、咸阳；灌废丘，攻项籍，屠煮枣，击破王武、程处军于外黄。攻邹、鲁、瑕丘、薛。从高祖击项籍，下阳夏，虏楚周将军卒四千人。围项籍陈，大破之。屠胡陵。

项籍死，汉王即皇帝位。其秋，燕王臧荼反，哙从攻虏荼，定燕地。楚王韩信反，哙从至陈，取信，定楚。以将军从攻反者韩王信于代。自霍人以往至云中，与绛侯等共定之，击陈豨与曼丘臣军，战襄国，破柏人，先登，降定清河、常山凡二十七县，残东垣，破得綦母卬、尹潘军于无终、广昌。破豨别将胡人王黄军代南，斩将军赵既，虏代丞相冯梁、守孙奋、大将王黄、将军一人、太仆解福等十人。与诸将共定代乡邑七十三。后燕王卢绾反，哙以相国击绾，破其丞相抵蓟南，定燕县十八、乡邑五十一。

——《汉书》

细细统算这一连串辉煌的战绩，不难发现，樊哙虽然多次跟随着刘邦、韩信、周勃等人，甘心做一名冲锋陷阵的猛将，但是，樊哙自己独领一军，竟然击溃了七支军队、攻破五座重城，平郡六，定县五十二，仅生擒一项，就有丞相一人、将军十三人、校官十余人。

> 别，破军七，下城五，定郡六、县五十二，得丞相一
> 人，将军十三人，二千石以下至三百石十二人。
>
> ——《汉书》

如此辉煌的战绩，如何能够仅凭勇武，只不过，樊哙的军事才能，在韩信、周勃等人的光芒之下，被掩盖在了厚重的历史之中。

而这样一个看似憨厚老兵一样的名将，就这样将他的锋芒收敛了起来。不得不说，这个看似鲁莽的樊哙，却拥有着比"攻必克战必胜"的兵仙韩信，更加出众的人生谋略。

和刘邦成为连襟是福还是祸？

天下渐定，烽烟渐熄，然而对于这些开创了大汉王朝的功臣猛将们来说，一场新的战争已经悄悄地拉开了序幕。利益的驱使、权力的斗争、欲望的追逐，是这个全新战场的主旋律。在这比沙场更加险恶的朝堂里，身为军中宿老的樊哙，也未能独善其身。

刘邦已经不再是那个最初起义时的沛公了，他已经成为了天下的主人，任何人得到权力之后，都会思考，如何运用权力，给自己谋求到最大的利益。刘邦自然也不例外。草根出身的他对于忠诚保持着极端的怀疑态度。因为他知道，坐在这金殿之上，主宰苍生命运的滋味，是多么美妙而令人沉醉。

娶了吕后妹妹的樊哙，看似与帝王家亲密无间，然而残酷的皇室之中，枕边人也并不能得到刘邦的完全信任，因为他明白，

当欲望足够强烈的时候，这个世界上，没有什么亲情、爱情能够完全做到忠贞不渝、坚不可摧。相反，当筹码足够的时候，最致命的刀锋，常常来自于这些所谓的亲人。

吕后身为刘邦的结发妻子，尚且不能得到刘邦全心的信赖，王后的身份反而令君王防备更甚。于是，樊哙吕后妹夫的身份，并没能给这位老将带来应有的信任和尊重，反而成了刘邦最为担心忌惮的疑点。

当九江王英布起兵反叛时，刘邦病重，严令内侍，不许文武百官觐见探望。周勃、灌婴等人也无一敢进宫探看情形。十余天过去了，樊哙再一次闯入了恢弘的皇宫，一如当年，决然闯入鸿门宴的军帐。

见到了刘邦正躺着一个宦官身上睡觉，一生纵横沙场、出生入死、浑身浴血也不曾皱眉的"壮士"樊哙痛哭流涕，先是回忆了当初两人，从沛县起兵反秦的峥嵘岁月，感慨了一生戎马，英雄迟暮，最后又悲伤地给刘邦提醒，不要如当年秦二世胡亥宠信内宦赵高，导致朝纲败乱。

> 先黥布反时，高帝尝病，恶见人，卧禁中，诏户者无得入群臣。群臣绛、灌等莫敢入。十余日，哙乃排闼直入，大臣随之。上独枕一宦者卧。
>
> 哙等见上，流涕曰："始，陛下与臣等起丰沛，定天下，何其壮也！今天下已定，又何惫也！且陛下病甚，大臣震恐，不见臣等计事，顾独与一宦者绝乎？且陛下独不见赵高之事乎？"高帝笑而起。
>
> ——《汉书》

这一幕闯宫，和当年的闯帐，何其相似！只不过，这次被樊哙伤感老臣的身份，说得心神不宁的人，从项羽变成了刘邦。

此时，因英布背叛而对所有部将臣子心存疑惑的刘邦，心中对樊哙等当年旧将的猜忌似乎是淡了一些，他觉得这样一个八尺昂扬的汉子，居然心思如此细腻，还记得当年的情分，还为了自己的病情，痛哭流涕，真情流露，这样的忠诚老将，难道还会背叛自己吗？

随后，刘邦御驾亲征，讨伐英布。然而身受创伤，剿灭英布之后，回到长安，再次病倒了。此时，燕王造反，而且刘邦的身体已经一天不如一天了，再次御驾亲征，恐怕力不从心。于是，老将樊哙临危受命，率军伐燕。

而樊哙没有想到的是，当自己征战在外的时候，刘邦已经发现了自己这一生，即将走到尽头，这位开创了西汉王朝基业的高祖，已经开始为自己的刘姓江山能够千秋万代，精心算计了。

上有所好，下必应之。刘邦知道，王位更迭之时，朝野必乱。他需要一个足够资历的皇室遗老来震慑群臣，稳定局势，同时，又需要保证皇权能够在适当的时候真真正正地落到继任太子的手里。

此时，韩信已然命丧未央宫，彭越族灭国废，而英布，也已经在番阳民宅里，魂飞魄散。名相萧何，也被罗织罪名，入狱式微。至此，有可能动摇皇权传承的老臣旧部，也就基本上尽数凋零殆尽了。

陈平救了老将的命？

然而，当时新帝即位，还是需要有足够的羽翼支持和宫廷力量。刘邦讨伐英布归来，已是病入膏肓，他选择利用吕后的宫廷力量来支撑太子，但是并不希望作为吕后妹夫的樊哙能够掌管军权。刘邦就此决定，铲除樊哙，即便这位老将曾跟随自己白手起家、出生入死，但在皇权面前，一切情感都需要让路。很巧，这个时候，就有人向刘邦进言，称樊哙与吕后串通谋反！

在那个充满了战争和背叛的时代，谋反乃是十恶不赦的重罪，于是高祖当场勃然大怒，下令陈平领大将军周勃，前往燕地，擒杀樊哙！

到了这个时候，文武百官大致已经看出了端倪，接管兵权和朝堂政治力量的，不是吕家人，而陈平、周勃擒杀樊哙这条命令，显然已经是刘邦为继位者安排好的羽翼。新帝即位，内有悍后吕氏镇压朝臣，掌控宫闱，却又无军权兵力，外有陈平、周勃等忠心刘氏大将，遵循着刘邦"非刘姓者得皇位，天下共击之"的遗命，却又无宫廷势力，难以介入皇权斗争。内外势力均衡，继位新帝江山永定。所有的安排，天衣无缝，唯一的破绽，只剩下樊哙了。

燕地樊哙大胜，陈平暗带大将军周勃前来宣召。樊哙不知是计，孤身匹马，前来接旨。结果使节箱车后冲出周勃，意欲擒拿。此时的樊哙，选择了不做抵抗，束手就擒。

拿住樊哙之后，陈平似乎是想起了当年的旧情，也似乎是不忍心。却并没有立刻执行刘邦的命令斩杀樊哙。反而犹豫起来，与周勃开始商议。

"皇上许是受了奸人蛊惑，也正值英布叛乱，心烦怒燥的气头上，才下令诛杀功臣吧，你我是不是应该将这事再做定夺？"

周勃一时间也没了主张，"如今天子病重，吕后专权，你我若是就此斩杀了樊哙，倘若回到长安，吕后追究起来，你我确实难辞其咎。现今，你我如何是好？"

陈平思来想去，良久，说道："不如，你我将樊哙送回长安，请皇上亲做定夺罢了。如此，你我对皇上，对吕后，都有个交待。"

"且就如此吧。"周勃也觉得，只好这样做。

然而没有人能够逃脱岁月的力量，时光的锋利长刀不会因为刘邦尊为天子的身份而对他格外留情，当陈平一行返回长安的路上，传来了刘邦驾崩的消息。

随后吕雉开始蛮横地介入朝政，陈平、周勃也悄悄抹了一把汗，幸好没有按照刘邦的命令，当场斩杀吕后的妹夫樊哙。但两人此行任务，吕后亦是知道，恐怕以为樊哙已经被杀，将要迁怒二人，以泄愤立威了。

足智多谋的陈平面对如此危险的误会，显然不准备束手待毙，心生一计，回到长安后，冲到刘邦灵堂，伏棺痛哭，一边流泪，一边念念有词：

"您令我等擒杀樊哙，我等未敢轻易处决我朝重臣，原本想将樊哙押解面圣，可是您竟然就这样去了啊……"

显然，刘邦听不到陈平的痛哭，也不可能拍棺而起，然而，吕后等人，却松了一口气，马上下令，释放樊哙，恢复爵位。

看起来，陈平救了樊哙一命。可是，果真如此吗？

其实，救了樊哙一命的，恰恰是樊哙不干预朝政、不参与权力核心斗争的为将之道。若是他有心参与吕氏对皇权的染指和斗争，那么刘邦根本不会派遣他领大军出征燕地。早早就会如韩信等人一般，将其处死。

而不参与朝堂势力角逐的樊哙，也恰恰让刘邦留给制约吕氏的陈平、周勃等老臣，无法判断他的立场。残酷的权力斗争之中，任何势力都需要非此即彼的选择队列，而始终满面烟尘、质朴憨厚的老将樊哙，却恰好处在了一个既可以被拉拢，又可以成为敌人的中间位置，无论是哪一方，都需要保护和争取，而不是斩尽杀绝。

樊哙或许早已明白，吕氏利益集团需要保护和拉拢他，以期得到军方的支持，获得争夺权力的可靠倚仗，而朝堂老臣一方，也需要保护和控制他，即由此得到吕后妹夫、新帝叔叔这层身份的他，来牵制宫闱之内的力量。

他始终不露锋芒，始终不明确选择，他只是安安心心地做一个冲锋陷阵的粗鲁匹夫，看起来就像一把刀，毫无个体意识，只会不停地跟随在"聪明人"身后，对那些远比自己看起来更加"多谋善计"的能人智士，他保持着足够的尊重，甚至当韩信被贬与他同列之时，也毕恭毕敬，面对韩信毫不客气的"吾辈一生，战必胜，攻必克，岂知竟与樊哙为伍"嘲讽，樊哙却依旧口称大王光临，蓬荜生辉。然而韩信早已惨死在未央宫的钟室，而他，却依旧能够得到刘邦的信任，带领大军，南征北战。

这样一位看似没什么主见、没什么计谋、没什么心机的粗鲁行伍之人，一生经历风雨坎坷无数，却总是能逢凶化吉，最后得以善终。

他就像一把落满了灰尘，锈迹斑斑的破旧长剑，质朴却坚硬。几十年的军旅生涯，生死搏杀，早已让这位老将看破了红尘，他清楚自己的能力，明白自己的位置，并不轻易显露自己的想法，看起来，就像一个憨憨的老士兵，没有想法。

掩卷长思，却能够从厚厚的时光尘埃之中发现，这个挥舞着盾牌，大口吃肉，大碗喝酒，还能闯到君王面前放声大哭的朴实"壮士"，竟然有着所有兵书战策上都未能讲述的，笑傲人生沙场的真正智慧。

西汉王朝的皇城之内，雁门之外，凛冽的风一直吹个不停，漫天风沙下，有一个高大憨厚的背影，披着满是裂痕，失去光华的铠甲，独自舞剑，似乎，劈开了乌云，回过头，傻乎乎地咧嘴一笑，好像听到了一声嘹亮的吆喝：

"狗肉，——香喷喷的狗肉哟！"

翩翩轻骑挠楚日，岂是霸王独自愁——彭 越

　　他，世界战争史上最早正规使用游击战术的军事家，机敏善战，谨慎深谋。正是因为他独创的"挠楚"战术，令勇不可当的项羽疲于奔命，左支右绌，从而形成了在垓下三路大军会师，对项羽部队完成了战术包围的绝杀局面。但最终一代名将，没能战死沙场，却倒在了天下一统之后，令人扼腕叹息。却不知，导致他死亡的，恰恰是他的当年的战绩。他，叫彭越。

凭什么从渔夫到首领?

秦末,烽烟四起,天下大乱,在陈胜吴广"伐无道诛暴秦"的呐喊声中,草莽之间,不甘于沉沦命运的英雄豪杰纷纷举起了自己的旗帜。权力的味道如此甜美,混乱而无序的年代,是重新洗牌的最好时机。

当秩序和法度逐渐崩溃的时候,遵守规则者的生活就会越发艰辛。原本是渔夫出身的彭越自然也不会例外,兵荒马乱的世道里,靠着勤勤恳恳地捕鱼维生,难以维系生活。

没有人会喜欢苦难和贫穷,不能靠自己的力气和辛劳过上好日子,要么饿死,要么也就只好成为混乱的一部分。

就这样,渔夫彭越,变成了盗匪彭越。山高水远,厚泽大湖,也就成了彭越一伙最好的藏身之地。这个品尝过人生艰难的小人物,靠着打渔和打劫,终于艰难地在乱世中勉强活了下来。

观望难道是在钓鱼?

在各路英雄豪杰纷纷举起反秦大旗,释放着压抑太久的疯狂和过剩的武力时,在这片湖泽里,彭越依旧保持着小心谨慎的做

事风格。他并不去招惹与自己实力相当的敌人，避免轻易与其他
土匪发生激烈的冲突。或许是艰难的生活阅历告诉他，手上有牌
才可以做出选择，如果拼光了，那么无从选择的绝望，甚至比死
亡更可怕。

机敏的彭越得到了越来越多年轻人的认可和尊重，因为一位
能够带着他们活下去的首领值得追随。然而，当这伙盗匪的实力
越来越强大的时候，终于，有一些年轻人按捺不住躁动的梦想
了。他们现在已经可以在这个兵荒马乱的世道里活下去了，那
么，随着势力的增长，为什么不拼一拼，也许，不但能活，还能
活得更好些吧。

希望活得更好些的年轻人渐渐多了起来，毕竟吃饱了肚子就
自然想要吃香了嘴巴。既然现在秦王朝这块大蛋糕如此甜美，又
有那么多似乎看来和他们差不多的起义者不断地加入这场盛宴。
他们还年轻，并不甘心只是吃饱，看着别人吃好。

于是不断有手下人开始向首领彭越表达这个美好的愿望，他
们对于彭越还是信任和支持的，毕竟是他带领着大家从苦难的深
渊中一点点挣扎出来。而现在，是时候让首领带领着他们，去追
逐更美好的生活了。

然而彭越不为所动。他似乎看到了狼烟四起的战场，似乎嗅
到了弥漫在空气中的淡淡血腥味儿。年轻人们并不太懂得世道的
艰难，他们看到了别人的胜利，看到了那些似乎与他们也差不多
的市井无赖居然当上了老爷大人，吃香喝辣，左拥右抱。然而，
他们却看不到，这一切的背后，都浸透了鲜血，都纠缠着冤魂。

大秦王朝百足之虫死而不僵，各路豪杰争先恐后前仆后继。
终于，希望过上更好生活的年轻人已经成为了队伍里的大多数。

于是有人站出来，劝道：

"现在天下反秦，各路豪杰如此之多，我们希望您可以带领我们，也去做一番事业，品尝一下更甜美的生活！"

彭越无可奈何，如果继续保持沉默，那么这伙土匪也就即将分崩离析，只好说：

"不要急，两边还在争斗，我们且观望一下，再做定夺。"

> 彭越者，昌邑人也，字仲。常渔钜野泽中，为群盗。陈胜、项梁之起，少年或谓越曰："诸豪桀相立畔秦，仲可以来，亦效之。"
>
> 彭越曰："两龙方斗，且待之。"
>
> ——《史记》

一年的时光就在观望中度过了。整个盗匪队伍中躁动的气息越来越浓，作为首领的彭越不断地在观察和分析局势，他要比那些热血澎湃的少年们更有耐心，并非因为害怕战斗，而是他觉得，自己根本输不起。毕竟，在如今这场战争中，输了，就意味着死亡。吃饱吃好，左拥右抱，以及所谓梦想，这是要有人来享受，如果人都没了还谈什么。

又开始有部下向彭越表露了自己的想法，彭越再次推脱，他说自己老了，才能并不足以带领他们去追逐梦想。然而，大家心里还是很敬佩这个谨慎得有些过头的老大哥的。而且，这次老大哥并没有说再等待时机，而是说自己能力不足！

这显然是从"根本不可能"到"很难实现"的转变。年轻人们立刻发现了这其中本质的变化。原来老大哥认为现在已经可以了，但是怕带着我们不好做事。

当一扇门始终死死关闭，不断去推却推不开，这实在是令人无比沮丧。而现在，这扇门似乎被打开了一条小小的缝隙，从门外，竟然有金色的温暖阳光照进了这潮湿黑暗的大湖，令人振奋不已！

 ## 迟到杀头不是说着玩的

大伙对于彭越很信任，他所谓的推脱在大家看来只不过是一个借口罢了。毕竟这个首领的能力，所有人都有目共睹。于是一群年轻人们围住彭越，不断地表达着自己的决心和愿望，不断地恳求着这个也许能够带给他们光明未来的老大哥。

此时，彭越或许觉得再做推辞，也就过分了。而且通过如此之久的观察，他也似乎看到了一些起义者成功的规律。于是，他答应下来，并且马上发出了第一道命令：明天日出之时，集合队伍。

紧接着，一向并不严苛的彭越又补上了一条：迟到的人，杀头！

这看起来血淋淋的命令出自看起来沉闷厚道的老大哥，竟然少了几分肃杀的味道，这些年轻人并不太在意，毕竟大家一起聚啸山林，多少还是有着几分情分的。应该不会是真的，看起来，这应该是首领希望他们可以遵守时间，听从命令。

湖泽的夜晚沉闷而潮湿，让人不由得有些烦躁。而明天日出之时，大家就要开始向着梦想中的新生活开始前进了，这又让这些年轻人有些兴奋，毕竟，明天他们也将是一支起义军了，也就将要开始加入品尝秦王朝这块大蛋糕的行列了。

彭越呆呆地望着平静的湖水，忽然他感觉到，似乎是起风了。沉闷的水面漾起了波澜，也许，似乎并没有风，是自己的心乱了。

太阳懒洋洋地升了起来，新的一天，要开始了。

折腾了一夜的年轻人三三两两地来到了集合的地方，发现彭越已经到了那里。这个中年人沉默着，等待着，一言不发的样子，有些奇怪，也有些诡异。似乎，他们的老大哥身上发生了什么变化，多了几分莫名的肃杀，但是，又看不太清。

阳光洒满了大湖，赌上了自己命运的彭越面沉似水。时间静静流逝，转眼间，已经到了中午，天气有些燥热，而最后一个人，终于晃晃荡荡地来到了集合地点。

彭越低下头，缓缓地说道：

"我老了，并没有太过激昂的理想，你们都希望我能继续做首领，带着大家奔个前程。"

窃窃私语的年轻人们安静了下来。

"既然，大家都愿意跟着我去争个好生活，我答应了。"

大家看着彭越，有些陌生，并不知道他的身上发生了什么样的变化。

"昨天，我们的命令，是日出之时，在此集合。迟到者，杀。"

队伍开始有些骚动，明明是一起做起义军，怎么要真的杀呢？

"我们不再是草寇劫匪了，既然都愿去奔个前程，那么就要做出相应的准备。没有纪律、不遵守命令的起义军，在这个世道里，活不下去。"

此时，大家有些担心了。因为迟到的，有十几个人。

"既然命令是迟到者，杀，但是迟到的，有十余人，不能全杀了。现在，我的命令是，杀掉最后一人。"

有些紧张的年轻人们松了一口气，纷纷上前求情，大家七嘴八舌地围上彭越，有打着哈哈的，有表达决心的，大家都觉得，看来首领果然不是常人，下次一定要遵守命令，不敢迟到了。

忽然，彭越一把抓过那个最后到来的盗匪，一刀斩下了他的脑袋！

随后下令，筑起土台，用人头祭旗誓师。这下，所有人都沉默了。就此，这支草寇流匪，开始了向军队转变的第一步。

> 居岁余，泽间少年相聚百余人，往从彭越，曰："请仲为长。"越谢曰："臣不原与诸君。"少年彊请，乃许。
>
> 与期旦日日出会，后期者斩。旦日日出，十余人后，后者至日中。
>
> 于是越谢曰："臣老，诸君彊以为长。今期而多后，不可尽诛，诛最后者一人。"令校长斩之。
>
> 皆笑曰："何至是？请后不敢。"
>
> 于是越乃引一人斩之，设坛祭，乃令徒属。徒属皆大惊，畏越，莫敢仰视。
>
> ——《史记》

彭越的这支起义军就此脱胎换骨，一路前进，途中，不断收拢着各路诸侯起义军中被击溃的散兵游勇。这个出身草莽却不鲁莽毛躁、为了杀人立威却又能够准确掌控人心的老大哥，就这样迈出了从一个渔夫盗匪走向权力巅峰的第一步。

不背叛是因足够忠诚？

不断收拢被击溃起义军的彭越部队越发强大，每一个当初跟随着彭越从那片大湖中走出来的年轻人，都渐渐明白了当初为什么首领不轻易带着他们加入起义军的行列。原来敌人不再是他们打家劫舍时没有还手之力的平民百姓了。现在，他们将要面对的敌人，已经是有着足够战斗力的正规军队了。

这些被击溃收编的诸侯部队给这些满怀希望的年轻人上了最好的一课。因为能够逃得性命再次加入他们的这些家伙看起来都是勇武善战的。这样的军队都会被击败，而没逃出来的人，显然付出了自己的生命，化作了飘荡在这片被硝烟熏黑的天空中，无奈的冤魂。

彭越的部队越来越壮大，渐渐成为了一支强大的力量。然而谨慎小心的他并没有因为实力的膨胀失去冷静，只是四处试探性地发起一些小规模的攻击。此时，秦国大势已去，彭越开始暗暗观察各路诸侯，因为此时的他明白，仅仅凭着自己手中的力量，并不足以在这个弱肉强食的世界中站稳脚跟。

彭越站在了刘邦一边

通过不断地观察和比较，彭越出乎所有人意料的并没有选择如日中天的项羽。破釜沉舟、攻破函谷关的项羽固然战力强大，然而在获胜之后，选择斩杀已经投降的秦王子婴，火烧阿房宫，并且拒绝了留在战略位置更好的关中发展，反而出于"让家乡父老看看自己的成就"这个幼稚的理由，非要返回故乡，显然不是一个合格的君王。跟随这样一个做事喜怒无常、毫无规划的领袖，定然不牢靠。因为饱经风霜的彭越知道，若为天下之主，必是果决、谨慎、无情。

于是当刘邦砀北上攻击昌邑时，彭越主动率部支援，向刘邦示好，虽然并没有战胜，但是也就此和刘邦搭上了关系。

随后，项羽分封各路诸侯，出身贵族的西楚霸王并不是太看得起彭越这一支由各路溃兵盗匪组成的绿林军队。从这一点来看，一个不能够把一切可加利用的力量妥善分配的规则制定者，将来，也必定为这个草率的决定，付出惨重的代价。

> 沛公之从砀北击昌邑，越助之。昌邑未下，沛公引兵西。越亦将其众居巨野泽中，收魏败散卒。项籍入关，王诸侯，还归，越众万余人无所属。
>
> ——《史记》

显然彭越并不想替项羽的错误承担结果，他选中了看似无赖却又拥有对人才拥有着足够吸引力的刘邦。虽然刘邦眼下不够强大，但是刘邦却不断地在积蓄力量，整合人才。这样的首领，才是更好的选择。精于世故的彭越很清楚，既然自己并不足以独自支撑起一片天地，那么就选择跟随更强者。于是彭越集结了万余部队占领巨野，伺机而动。

公元前206年，果然如彭越预料一般，草率的分封引发了利益集团之间的冲突。不满项羽分封的田荣自立为齐王，起兵叛乱。于是，项羽派出萧公角率领楚军前往齐地，讨伐田荣。

田荣作为当初齐地军事素养最高的起义军将领，却因不得项羽认可而在战后没有得到任何分封。田荣起兵之后，立刻展现出了其出众的战略眼光，久经战阵的他清楚，能够从失败的战场中活下来的老兵，看似混乱，但是绝对具备出色的生存能力和战斗力，而这个乱世中，能够活下来的盗匪，也必定不是良善之辈。

于是田荣立刻派出使者拉拢彭越，封彭越为大将军，许以重利，请其助战。权衡利弊，评估实力之后，彭越决定率部攻打济阴楚军。一方面，这支部队需要战争的磨砺和洗礼，另一方面，彭越决定，向所有人展示一下，自己的实力。

率领精锐楚军的萧公角并不太看得起对面的盗匪头子彭越，这群草寇在他看来不过是一群乌合之众，一触即溃。于是萧公角并没有太过认真地做战前部署和计划，轻率出战，准备凭借麾下精锐的楚军，给这伙毫无军事素养可言的流匪以迎头痛击。

然而战场是最公平的，所有能够在血战中保全自己的老兵油子们绝对具有其独特的生存法则。土匪出身的彭越并没有看过什么兵书，也不喜欢讲究什么两军列阵，正面冲锋。他只是不断地骚扰偷袭，不断地歼灭楚军的小股有生力量，而当面对敌军主力缓慢而强劲的追击时，彭越毫不在意什么将领的尊严面子，掉头就跑。

就这样，彭越将这群来去如风的草寇指挥得如臂使指，强大而高贵的楚军就像挥舞着精致宝剑的名剑客，讲究章法和风度，而他们，却对这样一群似乎挥舞着锄头柴刀的亡命之徒没有什么太好的办法。

楚军在彭越的骚扰和抽冷子偷袭中不断失血，这支流寇毫无底线可言，谩骂挑衅，砍一刀就跑。大部追击，速度不及；小股部队，去而不返。

彭越似乎推开了一扇窗户，一种可能颠覆战争格局的战斗模式在他的头脑中有了模模糊糊的影子，虽然不够清晰，但是好像也有了些眉目。

从春秋战国时代起，两军列阵，擂鼓冲锋，大开大阖的战法就被视为正统。交战的双方就像是手持重锤、穿着高贵铠甲的贵族，厚重而缓慢。尊严和荣耀，是军队的信念，也是战争为之捍卫的目标之一。

而土匪逃兵们并不这么想，彭越也不在乎什么荣耀，因为活下来，杀死敌人，活得更好，才是这支部队的理想。

萧公角的楚军终于不堪骚扰，始终抓不到敌军主力决战的将领们也渐渐被各种毫无底线的阴损偷袭激起了怒火。而当敌人足够狡猾的时候，愤怒带来的士气无从发挥，而引发的烦躁，却会令指挥者失去冷静而清晰的判断。

萧公角率领的精锐楚军，就这样莫名其妙地败给了一群他们看不起的流寇。项羽没有想到，这场看似十拿九稳的小规模战争不但失利，而且还产生了如同雪崩一般的巨大影响。

> 齐王田荣畔项王，乃使人赐彭越将军印，使下济阴以击楚。楚命萧公角将兵击越，越大破楚军。
>
> ——《史记》

彭越再次出手被封国相

田荣作为公然站出来反对项羽分封的第一人，不但没有被歼灭，反而凭借自身的实力和地方武装的支持取得了击败楚军一部的辉煌战果。这一场战争，就像是一颗火星，引燃了所有不满分封的野心家们蠢蠢欲动的欲望之火。

一夜之间，西楚霸王糊里糊涂地成了各路诸侯的敌人，原来楚军并非不可战胜，连流寇彭越带着一群逃兵土匪，都可以击溃萧公角！

各路诸侯摩拳擦掌地准备大干一场，而此时的刘邦显然也并没有闲着，用韩信计策还定三秦，平定关中，不断积蓄着力量，当初被发配时仓皇烧毁的栈道，不再是象征失败的伤疤，反而成为"明修栈道暗度陈仓"的一段传奇。

大家都认为是楚国破坏了规则。

项羽很生气，他并不觉得如此失控的局面是当初分封不均导致的。各路诸侯对楚国的诋毁和讨伐令项羽心烦意乱。他认为自己并没有做错什么，明明击败秦国，重定秩序的，是自己的楚军，那么，理所应当也就有资格来分配胜利的果实，给予自己亲近者肥沃土地，打压一下让自己讨厌的同伙。现在混乱的局面，就是义帝楚怀王处事不公，做事不利，又处处掣肘，妨碍了自己恢复贵族的荣耀。

公元前206年十一月，项羽密令九江王英布，遣将杀害义帝于郴县。

这次屠杀彻底点燃了各路诸侯的野心之焰。虽然大家并不尊重这位傀儡一样的楚怀王，但是毕竟是当初反秦时所有诸侯都认可的共主，项羽再强，名义上，也是怀王的臣子，弑君之罪，天下共击之！

公元前205年初，赵将陈余起兵造反，遣说客劝动田荣，与其直属三县之兵，击败常山王张耳。一时，大批的六国遗老贵族们觉得时机已经成熟，纷纷自立为王。

公元前205年春，魏国贵族后裔魏豹看到了复国的希望，也开始兴兵反楚，彭越部队所处区域，恰好在此，有心跟随刘邦的彭越果断出兵，在魏地连战连胜，攻陷城池十余座。此时，刘邦发现，这个草莽出身的彭越，机敏谨慎，处事圆滑，可堪大用。于是，封彭越为魏国国相，统领魏国军政大权。

汉王二年春，与魏王豹及诸侯东击楚，彭越将其兵三万余人归汉于外黄。汉王曰："彭将军收魏地得十余城，欲急

立魏後。今西魏王豹亦魏王咎從弟也，真魏後。"乃拜彭越
为魏相国，擅将其兵，略定梁地。

——《史记》

此时，项羽因杀害义帝，天下声讨。刘邦认为，后院起火的
项羽已经自顾不暇，正是东进扩张的好时机。于是，不甘寂寞的
汉王摇旗呐喊，扯起了为义帝报仇的大旗，开始组建诸侯联军，
讨伐项羽。

出身卑微的草寇彭越并没有被项羽放在眼里，齐地的失败，
不过是自己不够重视罢了，若是当面对战，岂有堂堂霸王数合
之敌！

汉王刘邦，市井无赖，趁火打劫的跳梁小丑罢了，不足
为患。

至于各路诸侯联军，不过是一群贪婪胆怯的墙头草，只需要
一场足够血腥的胜利，再许以些利益，不攻自破。

相比之下，北方齐地的叛乱更为危险，田荣可是正统齐国遗
留下来的尊贵名门，在当地既有足够的出身和名望，又不似那些
混吃等死的六国老贵族那般甘心沉沦。偏偏又为人机敏，英勇善
战，野心勃勃。正是心腹大患。而且，齐地的位置非常重要，可
谓是楚国控制北方地区的重要筹码，如若失控，后患无穷。

于是项羽亲率大军，北上攻齐。

齐王田荣虽然英勇善战，但仍旧不是项羽的对手。正在项羽
专心剿灭田荣余孽、整肃齐地之时，刘邦的联军攻破了楚国首都
彭城。

这样的正面攻坚之战，彭越深知自己的部队并不擅长。于是
没有跟随联军一同东进，反而不断扫荡黄河沿岸地区，补充军

备，扩张实力，同时，也对刘邦联军的后勤和回师路线，进行了清理和巩固。

然而，没有任何人料到，主力部队被牵制在齐地的项羽，留下大军继续镇压田氏各族叛乱，自己反而亲率三万轻骑，日夜兼程，回军彭城，向五十余万联军，发起突袭！

项羽迅速击败了作为哨探部队的樊哙军。转而到达胡陵—肖县一带，连夜强攻肖县，击溃守军，完成了对联军的分割包围。拂晓，再次对联军侧翼，自西向东发起了攻击。

措手不及的联军，面对如狼似虎的项羽军精锐闻风丧胆，完全无法组织起有效的反击，勇猛的项羽就像一头雄狮率领着一群饿狼，不断冲击绞杀着失去了勇气、像绵羊一般的联军部队。自相践踏乱做一团的联军四散奔逃，战死者不计其数。

刘邦仓皇逃跑，试图收拢残兵败将抵挡攻势，然而凶悍的项羽和杀红了眼的楚军丝毫没有给予刘邦任何喘息的机会，一路衔尾追击，疯狂地屠杀着十余倍于己的逃兵。一时间，汉军哀鸿遍野，血流成河。而刘邦自己，慌不择路，乱军之中，丢下了老父亲和妻子吕雉，拼死突围，逃回了荥阳。

> 春，汉王部五诸侯兵，凡五十六万人，东伐楚。
>
> 项王闻之，即令诸将击齐，而自以精兵三万人南从鲁出胡陵。四月，汉皆已入彭城，收其货宝美人，日置酒高会。项王乃西从萧，晨击汉军而东，至彭城，日中，大破汉军。
>
> 汉军皆走，相随入榖、泗水，杀汉卒十余万人。汉卒皆南走山，楚又追击至灵璧东睢水上。汉军卻，为楚所挤，多杀，汉卒十余万人皆入睢水，睢水为之不流。
>
> ——《史记》

如果彭越不支持刘邦会怎样?

霸王项羽彭城一战之威，天下震惊，其以三万轻骑击溃五十六万联军的惊人战绩，令所有非议分封和义帝被杀的诸侯们闭紧了嘴巴。唯恐如此凶悍的虎狼之师，秋后算账。

一时间，原本吵吵嚷嚷要为义帝报仇雪恨的诸侯们换了嘴脸，刘邦的联军阵营迅速出现了裂痕，谁也不想真正去试试彭城一战沾满数十万人鲜血的屠刀是不是足够锋利。

大伙想:义帝之流，果然是分封不均的罪魁祸首，还是楚王项羽英明大义，忍痛为了天下太平诛杀了昏君。至于刘邦，一个无赖，骗了大家，真是极其可恶的!

联军分崩离析，各路诸侯们纷纷表示了对汉王欺骗行为的谴责，同时，为自己不够聪明，从而被刘邦煽动攻击楚国这件事表示诚挚的歉意。并且大家一致认为，对于刘邦，应予征讨，以示惩戒!

汉王之败彭城，诸侯皆复与楚而背汉。

——《史记》

当各路诸侯纷纷倒向楚国之时，彭越却敏锐地发现，项羽并没有挟大胜之威追歼刘邦，反而被刘邦逃到荥阳成皋一带止住了败势，凭借地利，将楚军拖入了旷日持久的阵地战之中。

锦上添花容易，雪中送炭却更容易获得信赖。于是，彭越力排众议，丢下已经占领控制的各处城池，领军控制了黄河北岸地区，策应和支援刘邦，协助汉军，稳定局势。

汉王之败彭城解而西也，彭越皆复亡其所下城，独将其兵北居河上。

——《史记》

其实，并非是彭越对刘邦忠心耿耿，而是出身草莽的彭越自有他独特的眼光和战争哲学。他对局势做出详细的分析和判断后明白，虽然楚军强大，刘邦弱势，但是项羽没能借此机会彻底消灭汉军，不得已进入了相持对峙阶段。从此看来，楚军已经失去了战略上的主动权。拥有关中丰富人口和战略资源的刘邦，在控制住颓势之后，必然不会再犯下如此错误。休整部队，补充实力之后，依旧有反败为胜、拖垮项羽的翻盘机会。

彭越反复权衡，麾下所部未参与彭城血战，实力保存完整，且处于并不会直面项羽攻击的良好地理位置，继续支持刘邦看似危险，然而却并不会在短期内遭到项羽的报复性攻击。若背叛刘邦投靠项羽，则过于接近汉王控制区域，汉军主力虽败未散，经过休整，汉军的支援力量反而极有可能迅速形成包围，依然具备剿灭自己的能力。而在大多数诸侯急不可耐地选择背汉投楚时，麾下所部本不雄厚的自己，也依旧不会得到项羽的另眼看待和垂青，更遑论军事力量上的实际支援。

对于各路诸侯来说，这是一场赌博，他们看到了先赢钱的赌徒项羽，于是急匆匆地选择跟着楚军下注。却没有发现，赢了钱的项羽并没能踢开组织了这场让各路诸侯选择下注参赌的庄家刘邦。

出身草莽的彭越并不在意从一而终的忠贞名节，更不会考虑背叛投降是不是会损了面子和尊严，因为这两样东西在彭越看来，和最终的胜利相比，根本不值一提。

于是敏锐的彭越毫不犹豫地把自己仅有的微小筹码丢上赌桌，想了想，觉得或许投资有些少了，将来赢的并不是太够的这位老大哥，又把自己也当做筹码丢了进去，等待着命运的开盅。

不背叛刘邦并非出于忠诚，而是利益本身。而彭越却没有看出，刘邦并不是一个讲道理的庄家。

游击战为何收到奇效？

经过惨烈无比的彭城血战，付出了几十万大军性命做学费的刘邦终于想明白一个道理——项羽无人可挡，但他的军队却需要补给。想要堂堂正正地摆开阵势击败楚军，自己的力量还差得远。

不过刘邦的力量目前虽然不足，但是富饶的后方却可以源源不断地提供支援和补充，汉军的实力会保持长期而稳定的增强。而项羽却需要承担作为天下领袖的沉重压力。各路诸侯看似投靠了项羽，却不够稳定，就如当初举着为义帝复仇大旗而组织起的联军一般。一点点利益，就可以令这个联盟再次崩溃。

刘邦的部队虽然损失惨重，但是凭着荥阳成皋一带的地理优势，看似局势危险，实际上依旧可以勉强抵挡。此时，也到了汉王帐下各个谋士说客发挥作用的时候了。许诺和利诱的手段并不需要大量的军队，暗中搅动的漩涡，却可以牵制项羽无法脱身。

项羽并不是太重视各路诸侯，心怀鬼胎的贵族们得不到楚霸王真正的信赖和支持，慑于武力的屈服远不如受到利益的驱使更稳定。可惜，项羽偏偏善于使用武力，而不能均分利益。并且，他不认为谋士们的嘴巴比锋利的刀剑更有效。

刘邦一面死守荥阳成皋防线，一面派出谋臣说客四处搅乱局势，而项羽原本就没有收拾干净的分封问题再一次被不断利用，各路诸侯或是阳奉阴违，或是干脆造反叛变。愤怒的项羽不得不带着他的刀剑，用鲜血和死亡来"劝告"各位居心叵测的贵族。

楚霸王率部平叛，东征西讨，所向披靡，但人力终有尽时。荥阳成皋战线终于成了楚汉两军僵持血战的修罗沙场。坐拥关中之地，后勤补给日渐稳定的刘邦已经基本站稳了脚跟。此时，项羽分封不均的遗留问题在刘邦派遣出的谋臣说客和诸侯们各自的欲望共同影响之下，已经渐渐开始影响到楚霸王在正面战场的战斗力了。此时，刘邦想起了那位满面风霜的老江湖彭越，众人密谋之下，彭越受命，率部潜入楚地，袭扰牵制。

项羽虽然强大，但是对面却是一群善于烧杀抢掠和逃命的老兵油子和资深土匪们，广大的战略空间和充足机动时间对于他们来说，简直是最完美的助攻。

跟随着彭越从江湖草莽揭竿的那一批年轻的小伙子们，经过战争的洗礼早已褪去了刺眼的光华。那锈迹斑斑的武器上，却暗藏着犀利无匹的锋芒。整合了各路诸侯残兵败将老兵油子的彭越部队，并没有鲜衣亮甲、如林刀枪，但是，饱经战斗的军士们，却有着一股令人胆寒的斗志。

信念与意志并无高下对错，而实现理想的手段恰似刀枪，无关卑鄙。这支看似流匪的乌合之众，蜕变着，前进着，一步步，走向了历史的舞台。

深知自身优势和劣势的彭越，带着部队，进入了楚国境内。

项羽主力部队在东，则彭越在西；愤怒的楚军出城追击，擅长逃命的老兵们立刻给这些血气方刚的年轻人们演练了一下什么叫做来去如风。没有追到敌人，好像一拳打在棉花上的楚军准备撤回驻地的时候，一群阴损毒辣的兵痞们却争先恐后地追了过来，杀伤一下疲惫不堪的楚军后卫部队后，又逃跑了。

军队可以行进，可城池没有移动的能力，广袤的楚地上并不是每一座城市都有足够的守备力量，而土匪出身的彭越对于危险有着本能的嗅觉，对于财富，也有着超乎想象的敏感。于是，这支流寇总能够从众多战略目标中挑出比较重要却又防守薄弱的城市捞上一笔，烧杀抢掠吃饱喝足之后，大摇大摆地消失在山野大湖之间了。

当春季将要播种的时候，总会有一群丧心病狂的土匪出现在各个村落，杀掉一些年富力强、农事娴熟的种田好手；夏天，这群土匪又会出现在刚运到了货物的河运码头，像蝗虫一样把能够抢走的物资席卷一空，临走的时候，还会顺便点上一把火，把没能运走的财物和船只烧得干干净净；秋天各地的粮库戒备森严，没想到土匪们却并不前来骚扰，而当大家松了一口气，准备组织运输粮草的时候，却发现，饲养运货马匹的车夫家遭到了屠杀，而制造货车的老木工，也倒在了血泊之中。更糟糕的是，货船也被这些家伙在几月前烧毁了不少。

地方守备部队咬牙切齿地出城追击这群流寇时，运输出现严重滞留的粮库在秋高气爽的干燥天气里，不知又被哪里摸进来的贼人放了一把火。当大惊之下撤军回城准备灭火时，这群回防部队在路上又遭到了土匪的偷袭。尽管这群土匪的战斗力太过稀松平常，没能杀死太多人，也并不打算决一死战，只是砍伤一些新兵后，又逃跑了。

楚军爱兵如子的将校们显然不愿丢下受伤的子弟，但伤兵也拖缓了军队行进的速度。好不容易看到了城池的轮廓时，城市西边药材和布匹铺子燃起的冲天火光，又映红了天空。

冬天并不会因为楚地粮食缺乏、缺医少药和御寒物资不足而等待。咸湿阴冷的风吹落了枝头的树叶。强大的楚军愕然发现，他们似乎对这些散兵游勇、土匪流寇无可奈何。这群兵痞们有一个谨慎狡猾的首领，从来不与他们正面接战，反而不停地破坏着他们想要保护的家园。

铸造兵器的军械仓库戒备森严，主管生产协调的大师傅有些气闷，喝了些酒，没想到在回家的路上，几个黑影从角落中冲了出来，乱刀齐下后，冲进小巷，七拐八拐地消失了。

失去了经验丰富的大师傅管理生产，军械的铸造一片混乱。好不容易天气回暖了，邻村凡是家有耕牛的农夫们，又遭到了一群土匪心狠手辣地屠杀。壮实的耕牛也很快被宰掉，烤牛肉的香气飘出很远。

楚军将士们已经出离愤怒，他们决定化整为零，派出小股队伍去侦察和绞杀这群流寇。然而，擅长运用严谨战阵集团冲锋作战的楚军一旦拆分散编，年轻的战士失去了正规战阵的支持和保护，那群阴狠心黑的兵痞宰杀起他们，并不比把耕牛加工成烤牛肉慢多少。

整编部队的速度在平原地区还能勉强看到土匪们的影子，而通过山岭河道树林的时候，累得气喘吁吁的军官们只能依稀看到敌人烧火做饭时燃起的炊烟。

楚军正规部队就像挥舞着大锤想要打死一只苍蝇，可是这只苍蝇狡猾无比，在危险的时刻总能迅速逃走。当锤子放下的时候，讨厌的嗡嗡声又不绝于耳，令人烦躁无比。

彭越清楚地明白，再强大的军队也是由肉体凡胎的士兵组成的。两军擂鼓列阵，集团冲锋，并不是他所擅长的。多年的困苦生活告诉了彭越，人想要活下来，是需要柴米油盐衣药茶的。而资深土匪的阅历，则让彭越对危险有着异乎寻常的敏锐。

他并不指望屠杀几个村庄就能够让富饶的楚国断了粮草，也不会天真地认为缺乏医药救治的几队伤兵就能摧垮敌军的信心。自己并不如项羽，霸王就像一个挥舞着锋利沉重长枪的巨人，沾之则死，一招致命。而他只需要做一把小匕首，不断地在巨人的脚跟或者肩膀上轻轻划过，留下一道并不瞬间致命，却又贴近关节不利于愈合的伤口。

这些细小的创伤令巨人不断失血，虽然不多，但是伤痕的恢复却令人又疼又痒。当巨人发怒的时候，小苍蝇收起翅膀，躲在庞大的阴影里，安心地休息就好。

毕竟，项羽需要一个稳定的家园不停地为不断消耗前线战争提供人力物力的支持，而彭越，却只需要带着一群比曾经规模更大的兵痞土匪，去做他们熟练无比的抢劫和破坏。

彭越的出身决定了他的视野，他的行为方式和思维习惯并不受到传统的桎梏，天马行空的古怪战术让富有骑士精神和贵族风度的正规军无处着力，措手不及。

就这样，彭越避开了项羽锋锐无比的霸王长戟，不断骚扰和袭击以及各路诸侯唯恐天下不乱的造反让本就心烦意乱的项羽疲于奔命，四处救火。而在刘邦死缠烂打地牵制下，伤口更加难以愈合。

这样的战术收到了意想不到的奇效，并非是彭越精通兵法，而是那双浑浊的眼睛中，看到了战争背后的玄机。

这场毫无贵族尊严、无视军人底线、漫长而残酷的骚扰之战，史称——彭越挠楚。

在后世的战争中，这种回避与敌主力正面交火决战，以小股高机动部队侵扰破袭后勤，降低敌军战争潜力，杀伤敌军有生力量的战法，被称为：游击战争。

为什么不谋反也要死？

北方韩信军团势如破竹，除了项羽，没有一个将领拥有超越兵仙的智慧或足够以力破巧的强劲武力。韩信军团给楚军带来了切实的巨大压力，如同一把缓缓斩来的重刀，带着刺骨的杀意和势不可挡的厚重。刘邦不求有功但求无过的纠缠牵制，就如同一张挂满倒刺的坚韧渔网，紧紧缠住了敌人试图拔剑抵挡的双手。而彭越的游击，却像是一把藏在对方剑鞘里短小而锋利的匕首，并不去触碰锋利的剑刃，反而不断地在对方的剑脊上刺出一个个小洞，让这把无坚不摧的锋利宝剑，变得千疮百孔，脆弱不堪。

垓下悲歌余音袅袅，情深义重的美人伏剑自刎，不过江东的霸王魂飞魄散。汉王刘邦，也终于变为汉帝，坐上龙椅，指点江山。

硝烟慢慢散去，乌江依旧奔流。不按照这个世界规则出牌的搅局者项羽离开了，或许，他和虞姬，会在另一个世界里舞剑弹琴吧。

❧ 做个梁王太累了

没有人会去在意失败者，即便他当初无比耀眼辉煌。更多的人会把目光看向现在，看向未来。毕竟，到了收获果实的时候，不会有人在意化作春泥的落花。

彭越以为，他的赌博结束了，看起来，他赢了。

但是刘邦并不这么想，他的赌博没有结束，因为他从来没有把自己当做一个赌徒，他是庄家。

现在，到了要庄家拿出钱奖励获胜赌客的时候了。

可惜，庄家有些不想玩这个游戏了，他希望换一个游戏，重新开盘。

但是，萧何、张良、陈平、韩信、彭越、英布、周勃、樊哙等等一大批人，都是下了重注的获胜者。他们希望先算清上一次赢的，再开始新的。

刘邦有些头疼，这群扶着自己走上巅峰的老臣旧将，固然居功至伟，但是这牌桌只有这么大，赌资也只有这么多，他不想还，毕竟，这次，可不像樊哙的狗肉账那般好算了。

但是战争的后遗症还远未消除，沛公赖几锅狗肉好说，要是赖掉一片片富饶肥沃的土地、一顶顶镶金嵌玉的官帽，可并不是三言两语就能抚平的。项羽率领着诸侯们浴血奋战，推翻王朝后，却没算清的分封账，已经让这位霸王付出了沉重的代价，而刘邦，不想重蹈覆辙。

长安城宫殿上的战争，悄无声息地开始了。

齐王韩信变成了淮阴侯，淮阴侯变成了未央宫钟室里的一具尸体。

张良不玩了，他似乎发现修仙悟道更有趣。

六十多岁的老臣萧何，带着刑具，在监狱中转了一圈，蓬头垢面地在金碧辉煌的大殿上，叩谢君恩。

樊哙坐在摇摇晃晃的囚车中，闷声不语。

陈平、周勃，在准备着跟机敏多智、位高权重的吕后来一场你死我活的凶险搏杀。

英布，举兵造反失败后，死在了一所民宅里。

彭越有些怕了，当初跟随自己的弟兄们，有些过上了富庶和美的日子，有些不知埋在了哪里。而自己，从土匪变成了将军，从将军变成了梁王，他觉得够了，甚至有些过了。

土匪可以无视秩序，将军可以纵马沙场，可是梁王，却不敢做什么了。

韩信等人的结局让这个老大哥有些担心了。他并不想从梁王变成一个侯爷，再从一个侯爷变成不知道埋葬在何处的尸体。

彭越愈发小心谨慎了，现在，自己已经来到了一场比当初游击楚地更危险的战争里。可怕的是，对方不需要派遣大军，消灭一群擅长逃跑的兵痞土匪，只需要几句话，就可以轻易置自己于死地。

梁王华美精致的官服穿在身上，远比落满灰尘的破旧铠甲更舒服；温暖舒适的王府，也比阴冷潮湿的军帐强得多。他愕然发现，自己好像真的老了，来去如风、呼啸山林的矫健身手不知为何变得渐渐绵软，精明谨慎、聪慧自信的头脑好像忽然变得迟钝异常。

官服虽好却重如枷锁，豪宅虽暖却困如囚牢。彭越似乎感觉到了，然而，他又有些不舍得。毕竟从草寇到将军，从将军到梁王，出生入死，浴血千里，时刻游走在刀锋上换来今天的这份安逸，再丢了，委屈。

彭越能轻车熟路地驾驭杀人放火游击战，正是因为自己对于这样的战争还算看得明白。而现在，对于这场权力斗争的厮杀，他看不清了。

他决定向刘邦表示自己的满足和忠诚，老老实实地待在自己的封地享清福。每隔一段时间，就动身前往长安，朝见刘邦，谨守臣礼。

六年，朝陈。九年，十年，皆来朝长安。

——《史记》

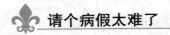 **请个病假太难了**

公元前 197 年，秋风起了，叱咤风云的将军也无力挣脱时光的枷锁，彭越病倒了。原本，这不过是场风寒罢了。

不再年轻的彭越已经不能只靠着一壶热酒和几餐烤肉就战胜疾病了。但是他很满足，虽然自己有些老了，病了，但是王府内弥漫的药香和手段高明的医生，给了他足够的安全感。然而并不是所有人都能够像他一样容易满足。

当年韩信的部将陈豨在代地起兵造反，盛怒之下的刘邦决定亲自率兵平叛。途径邯郸，令彭越出兵相助。

病恹恹的彭越有些累了，但是他还是派出了自己的部将，率领军队赶到邯郸和高祖刘邦会师。然而，愈发多疑的刘邦认为，彭越或许是念了当年旧情，或许是不想真正出力，或许，他也有了反心？

疑神疑鬼的皇帝越想越气，他几乎认定了彭越就是装病，就是在准备造反作乱！于是，派出使者来到彭越府上，劈头盖脸一顿痛骂。

彭越诚惶诚恐，决定从病榻上爬起来亲自去谢罪。

> 十年秋，陈豨反代地，高帝自往击，至邯郸，微兵梁
> 王。梁王称病，使将将兵诣邯郸。高帝怒，使人让梁王。梁
> 王恐，欲自往谢。
>
> ——《史记》

部将劝彭越不要去，"一开始没有应召出战，如今被责骂后前往谢罪，岂不是落实了之前就是抗旨装病？刘邦如此心狠手辣屠杀旧臣，若是去了，必定马上被杀。若是不去，皇帝不满，将来治罪，也是死路一条。与其等死，不如就起兵，造反吧！"

彭越有些茫然了。因为他觉得自己去辩解，真的有可能就此被杀，何况，病势沉重，确实有些力不从心。但他对现在的一切，感到不舍和满足，也并不想造反。于是没有去谢罪，决定先养好病再做打算。

彭越觉得自己做得还好，并没有触及到刘邦不能容忍的底线。然而，他并不知道，刘邦的底线并非是自己想象的那般。在君王看来，没有造反的决心，但是有造反的实力，即是危险的。

表面看来，梁王府上风平浪静，然而彭越没有想到的是，无论何时何地，作为首领都不可能让所有人都满意。梁国的一名太仆就对自己的现状很不满意，生气的彭越决定宰了他。

万没有想到，这个太仆不但知道了梁王准备杀了自己的消息，还得知了部将曾经劝彭越造反的旧闻。被死亡所刺激的人总能爆发出强大的求生力量，他立刻逃跑了。

彭越此时并没有在意，他觉得和一个属下生气也许有失身份，既然已经逃跑，那就由他去了，也并没有派人追杀。

然而，这个逃走的太仆并不打算就此过上颠沛流离的流亡生活，他痛恨彭越，痛恨这个土匪出身的粗鲁匹夫。当他仔细分析

过刘邦的想法和性格之后，选择了投靠皇帝，状告彭越和部将串通谋反，把自己塑造成一个撞破了土匪彭越奸恶诡计而被追杀迫害的忠心士子。

> 其将扈辄曰："王始不往，见让而往，往则为禽矣。不如遂发兵反。"梁王不听，称病。梁王怒其太仆，欲斩之。太仆亡走汉，告梁王与扈辄谋反。
>
> ——《史记》

 ## 不杀彭越就那么难?

刘邦原本对彭越的忠诚就很怀疑和忌惮。而此时，前来揭露彭越"造反阴谋"的士子正中下怀。出于对彭越战力的顾忌，刘邦选择了派出密使，暗中拘捕。

没有察觉到危险的彭越被突然前来的密使抓住，梁王就此变成了洛阳城内的阶下之囚。明白君王心思的聪明主审没多久就盖棺定论，反贼彭越，阴谋不轨，证据确凿，其罪当诛!

> 于是上使使掩梁王，梁王不觉，捕梁王，囚之雒阳。有司治反形已具，请论如法。
>
> ——《史记》

刘邦似乎是觉得这次对彭越做得有些过分，毕竟年年朝贡、岁岁称臣的本分梁王似乎是冤枉的，况且，身为开国建朝的英明君王，应是心胸如海、慈悲为怀的，念及当年彭越对于国家的小小贡献，就特赦这个反贼一次吧!

于是大汉王朝再也没有梁王了，平民彭越当然也不能继续待在梁地作威作福，既然年纪大了，川蜀一带气候宜人，民风淳朴，那么土匪彭越就去那里颐养天年，感悟教化吧。

　　　　上赦以为庶人，传处蜀青衣。

　　　　　　　　　　　　　　　　　——《史记》

　　莫名其妙失去了一切的彭越伤心不已，发配川蜀的路上遇到了皇后吕雉。委屈的彭越冲到吕后身前，痛哭不已，辩解误会。希望大家闺秀出身、知书达理的吕后能够向刘邦解释误会，并表达了自己最后的恳求——回到故乡昌邑，落叶归根。

　　知书达理的吕后答应了下来，决定带着彭越去见刘邦，当面解释着其中的冤屈和误会。而当吕后回到长安，却对刘邦说：

　　"梁王彭越，悍勇善战，机敏无双，谁能制之！目下既以定罪，不如就此斩草除根，永绝祸患，我已将其押解至此，望做定夺。"

　　回想起当初来去如风、纵横楚地的泠军彭越，刘邦似乎也感到了危险，毕竟这样一个草莽出身，却能在一统天下大业中脱颖而出，袭扰得项羽都疲惫不堪、为之头痛的强悍猛士，若是放走，再有一次"彭越挠汉"，也确实是心腹之患。

　　于是吕后安排彭越府上门客再次上告彭越谋反，疑心很重的刘邦得知后很生气，既然君王心怀慈悲，念及旧情，宽恕了彭越谋反大罪，已是皇恩浩荡，不料狼子野心不死，再寻反叛，不杀之，难以服众！

　　恰好廷尉王恬开得知彭越罪大恶极，立刻上书，奏请诛灭彭越全家，以儆效尤！

　　刘邦准许，于是，彭越被杀，家族被灭，封国废除。

　　　　西至郑，逢吕后从长安来，欲之雒阳，道见彭王。

彭王为吕后泣涕，自言无罪，原处故昌邑。吕后许诺，与俱东至雒阳。

吕后白上曰："彭王壮士，今徙之蜀，此自遗患，不如遂诛之。妾谨与俱来。"

于是吕后乃令其舍人彭越复谋反。廷尉王恬开奏请族之。

上乃可，遂夷越宗族，国除。

——《史记》

彭越至死，也没有明白，为什么自己并没有谋反，却无罪获死。其实，在王朝初建局势不稳，随时有可能再次爆发诸侯混战的政治环境，这样的时候，恰好是游击战争最好的舞台。项羽对此毫无办法，以至兵败自杀。刘邦自问，如果兵戈再起，而彭越不能为己所用，那么面对此种战术，自己也没有更好的应对。既然如此忌惮，自然要把这个危险的因素，扼杀于未燃。

　　翩翩轻骑挠楚日，
　　岂是霸王独自愁。
　　莫待他年风再起，
　　英雄不甘做人臣！

飞将不言生前事，书生甘传身后名——李 广

　　曾几何时，李广是无数人心中那个不教胡马度阴山的龙城飞将；曾几何时，他是桃李不言、下自成蹊的将领典范；曾几何时，他的自杀甚至引发了文人墨客们对卫青和汉武帝的口诛笔伐。他那坎坷艰辛的经历，让人忍不住叹一声"冯唐易老，李广难封"！他，原本是个沉默寡言的老将，却在死后，寄托了无数怀才不遇者，最为难以释怀的人生。

做错了什么不被重用？

出身布衣，提三尺剑取天下的高祖刘邦，除了知人善任、心思通达之外，也是极为善于掌控权力、制造政治斗争的。楚汉相争年间，为了拉拢和利用一切可为所用的势力，刘邦分封了数位异姓诸侯王。当然，天下一统之后，作为国中之国的诸侯封地，也就成了威胁中央皇权的最主要因素。于是数年之内，楚王韩信、梁王彭越、淮南王英布等人纷纷倒在了天子的屠刀之下。随后，高祖再分九位刘氏宗亲，接管当年异姓王封地，史称：同姓九王。随后白马盟誓，昭告群臣，非刘姓者称王，则天下共击之。

刘邦平淮南王英布叛乱战时，中流矢伤重，不久一命呜呼，随后吕后专权，分封诸吕，意图篡权，兴兵反叛。大将军绛侯周勃与陈平等人，以雷霆之势，扫平诸吕，匡扶汉室。随后汉文帝即位，舔砥伤口，休养生息。至公元前 157 年，文帝刘恒驾崩，其子刘启即位，称孝景皇帝，两代君王，平息战乱，恢复国力，集权中央，史称：文景之治。

景帝三年（公元前 154 年），名臣晁错上疏《消藩策》，君王采纳。此举，极大地损害了各路诸侯王的切实利益。随后，吴王刘濞等人立旗举事，兴兵反叛，直指长安，自命为"清君侧"。至此，西汉中央皇权与地方割据势力之间，爆发了正面的冲突，"七国之乱"开始了。

与近，有七王作乱，与外，匈奴咄咄逼人。值此西汉王朝风雨飘摇、内忧外患之际，绛侯周勃之子周亚夫，率军勤王。李广身为秦代将领李信之后，善骑射，能征战，勇武不凡。跟随上将周亚夫，纵横各地，斩将夺旗，功勋卓著。

内忧渐熄，外患仍在。公元前156年至公元前152年四年之间，三位汉宫弱女，毅然决然地背负起保家卫国的沉重使命，远赴塞外，嫁与匈奴冒顿单于，埋骨异乡。

尘埃暂且落定，王朝大厦渐稳，各方利益集团在暂时没有境外势力威胁和国内形势逐步好转的情况下，随即开始了围绕着皇权的明争暗斗。景帝即位之后，立储之意始终模糊不清，甚于夜宴酒醉之后，随口戏言，称千秋之后，由其弟刘武继承皇位。而刘武，正是汉景帝之母窦太后最为喜爱的幼子。说者无心，听者有意，梁王刘武及后宫窦太后等人开始不断地积蓄力量，寻求政治筹码，意图执掌君权。自古以来，一切权谋斗争演变到最后，总是要凭刀剑来鼎定乾坤。于是军方力量在皇权的斗争中，有着至关重要的作用。直接拉拢此时位高权重的周亚夫，并非上策，不但极难，而且若事不可为，就会引起哥哥景帝的严重猜忌。

此时，名门之后、忠勇猛将李广，就成了这场政治博弈中的第一枚棋子。显然，善于冲锋陷阵，万军中取上将首级的彪悍将军，并不太清楚沙场之外的暗箭比明晃晃的刀枪更加致命。为了表示梁国对于中央部队前来救援平叛的感谢和表彰其中个别将领的功勋，刘武特意取大将军印，授予李广。而李广也并没有在意这个举动背后所代表的意义。在他看来，似乎学成文武艺，货卖帝王家，凭借勇猛杀敌，得到封赏，是武人最为耀眼的荣耀。

然而，心中早已定下了刘彻为继任者的景帝，对于弟弟刘武拉拢军方将领的行为，也就自然心生怨怼。当然屠杀兄弟的恶名和烽烟再起的代价，让景帝并不打算就此治罪梁王刘武，而稀里糊涂地接受了梁王大将军印绶的李广，也就立刻成为了这张暗战中的，第一枚弃子。

平定七国之乱后，论功奖惩，唯有李广，未得封赏。

> 及孝景初立，广为陇西都尉，徙为骑郎将。吴楚军时，广为骁骑都尉，从太尉亚夫击吴楚军，取旗，显功名昌邑下。以梁王授广将军印，还，赏不行。
>
> ——《史记》

然而匈奴显然并不像叛乱七国一般好打发，虽然西汉王朝奉上美女厚礼，但是恶劣贫瘠的草原大漠，天然缺乏粮食物资，出塞的车队金银和娇弱女子，仍旧不能满足匈奴王庭日益膨胀的欲望和野心。屡屡犯边作乱的豺狼来去如风，不断地侵扰着西汉王朝尚不坚实的根基。此时，景帝决定，派出这位勇猛忠贞的李广将军，在这风沙漫天的北地，血战匈奴，保家卫国。

然而在皇权漩涡中陷过一脚的李广，显然并不是那么容易就能在多疑的君王心中改头换面。在君王眼中，能力并不比忠诚有太多的价值，若能取得两者之间的平衡，自是明君。若是失衡，轻则任人唯亲，多有昏聩纨绔，碌碌无为，民不聊生；重则臣强主弱，一生变故，帝位不稳。深谙权力斗争的汉景帝，显然对此更为敏感且精于此道。

勇猛沉默且能与士卒同甘共苦的将官总是能够赢得军人们的信赖和推崇，然而展示一个将领的能力和美德也是需要时间的，赢得人心，总需日久。

于是殊死搏杀在抗击匈奴第一线的猛将李广，就在汉景帝的猜忌中，颠沛流离，频繁调防。南征北战，纵横北地看似辉煌，但瓦罐不免井上破，将军难免阵前亡。匈奴的长弓利刃，并不会因为尊贵而荣耀的将军声名，对其网开一面。浴血沙场，多年征战，让他为西汉王朝付出了滚烫的鲜血，然而，除了满身的伤痕和渐渐斑白的双鬓，李广并没有得到什么真正足以封妻荫子的赏赐。当这位将军静下来舔舐伤口的时候，却始终没有想明白，为了王朝披坚执锐、喋血大漠的自己，为什么一直没能得到君王的重用与信赖。

> 徙为上谷太守，匈奴日以合战，再徙为上郡太守。后转为边郡太守，徙上郡。尝为陇西、北地、雁门、代郡、云中太守，皆以力战为名。
>
> ——《史记》

公元前 141 年景帝龙御归天，汉武大帝刘彻登临大统，指点江山。而李广，作为一名曾经接受了与自己争夺过皇位的梁王刘武大将军印的政治弃子，依旧只能在新君的猜忌和提防之中，挣扎徘徊，独自品尝着关外塞北，那终年不停的如刀风沙。

他有些老了，累了，不再有力气和精神，去追赶时代的脚步了。或许当犯我强汉者虽远必诛的呐喊声响彻大漠的时候，有一滴晶莹的泪水，缓缓爬过一位老将饱尝辛酸，被岁月刻满了皱纹的脸庞，随着寒风，滴落在广袤的荒原里。

而残酷的时间，并不会让命运的脉搏为一个失意的将军放缓脚步，却只会挟着滚滚向前、坚不可摧的力量，冷漠而决绝地，碾碎李广的信念与灵魂。

爱兵如子难道不对吗？

然而，倔强的老人并不想就此向摧枯拉朽的时代之力屈服，他始终相信，坚持的力量总有一天能够感动无情的命运。出身行伍的他，深知远赴他乡征战军士的苦楚，也知道这些年轻的面孔，说不定哪一天，就会成为荒漠中风化的尸骨。他对这些懵懂的年轻人很是宽容，并不想用严苛的军事化手段来管理他们。

但战争是残酷而公平的，无数名将和军人用鲜血和生命凝结而成的军事操典当然具备着极其重要的作用。正规化的训练很辛苦，因为对任何一种力量的彻底掌控都需要不断地磨炼和挫折。而李广却不这么想，他觉得，自己能够为了信念和梦想，发挥出强大的战斗力，那么这些年轻的军人们，如果也有足够的精神支柱，也是可以的罢。

并不是每一个军人都有为国献身的信念和勇气，如果自己对他们足够好，或许他们也会拼命地跟随自己的吧，榜样的力量和信念的烈火，一定可以在有朝一日，成为照亮草原的光芒。李广这样想，也就这么做了。在那个等级森严的世界里，他让自己放下了一切骄傲和威严，自己的俸禄，也多用于资助和照料他人，而当粮草水源匮乏的时候，他也坚持着，等每一个士兵都喝完吃饱，自己才动嘴。

士兵的心思并不太复杂，他们不太能理解名将的荣耀和高高在上的理想。在这片荒芜寒冷的边塞，一个完全可以过得更好的首领，能够与士卒同甘共苦，并且照顾和认可他们，这在谁也不知道死亡何时来临的环境之下，已经深深地感动了他们。这些朴素的士兵们，也就愿意为了这个沉默寡言的老将，拼死战斗。

只可惜，战争并不会因为一群悍不畏死的军人靠着血气之勇就可以左右。固然，奋不顾身的战士团结在一个忠贞仁厚的老将身边，能够发挥出强大的战斗力，但是当面对有着锋利刀枪和良弓劲弩的匈奴时，这份可贵的精神，并不能比严谨的战阵战术更加利于抵挡死亡。

系统的训练体系之所以如此重要，就是因为这个艰辛的过程中，蕴含着能够将战争的技巧磨砺成为生死之间本能的巨大作用。而大多数士兵原本是并不具备这种本能的。不畏死亡地冲锋，也不能无视人类最为客观的身体规律。虽然李广自己拥有这份技巧，但却并不善于将这份技巧普遍而系统地扩散到整支军队。

战术的革新和军队体系的建设随着双方越来越惨烈的战争不断成熟，能够拥有卓越战斗技巧的士兵能够不断在生死之间提升自身的素养。而这样的士兵越多，军队的战斗力也就相应的增强，能够从连绵不断的战争中活下来，而只有这样，才能够有资格逐渐积累这种力量。

可惜严苛的训练并不受到李广的认可，他觉得精神力量本身就足以战胜冰冷的刀锋。他认为，自己正是因为不断受到精神力量鼓舞而越战越勇，节节胜利，而疏忽了他本身早已具备相应战斗技能基础这个先决条件。

当战争开始的时候，勇猛的李广部队毫不犹豫地用血肉之躯迎着敌人密集的弓箭和锋利的长刀冲锋陷阵。李广自己，更是身先士卒，不断鼓舞和激励着自己的士兵。却没有注意到，当他拉开长弓射中敌人、挥舞刀剑斩将夺旗的时候，麾下的部队，并不能像自己一般箭无虚发，游刃有余。这些年轻而勇敢的将士们，只是靠着粗糙而低效的技巧和状若疯狂的气势，不断地冲击着弓马娴熟、战术犀利的敌军部队。随之而来的，也就是敌人冷酷而高效地，收割生命，播种死亡。

在小规模的缠斗中，个人的气势固然能够起到重要的作用，而当大规模的混战拉开帷幕之后，战斗技巧、战术意识以及严谨科学的战法，才是足以决定胜负的主要因素。

所以，李广不断地取得小规模的胜利，而在大战中斩获寥寥，乏善可陈。并非是爱兵如子，与士兵同甘共苦有什么不对，只是足够的战斗技巧和战略战术，与培养军队凝聚力和战斗意志同样重要，相辅相成。

就这样，爱兵如子的李广，稀里糊涂地将这份对于士卒的关心和爱护，变成了放纵和溺爱，反而让自己麾下的军士们，越来越多地倒在了这片大漠里。

在数千年的历史长河中，研究和品评李广治军手段的文官武将不胜枚举，在自身立场和所处政治环境不同的情况下，或多或少多有偏颇，褒贬不一。而明末经史大家黄淳耀对于李广的评价，不失客观，值得品研：

> "李广非大将才也，行无部伍，人人自便，此以逐利乘便可也，遇大敌则覆矣。太史公叙广得意处，在为上郡以百骑御匈奴数千骑，射杀其将，解鞍纵卧，此固裨将之器也。若夫堂堂固阵，正正之旗，进如风雨，退如山岳，广岂足以乎此哉？"

掩卷而思，李广宽厚清廉，确实当得起一生英名，然而，当进如风雨退如山岳的堂堂固阵、正正之旗，带着摧枯拉朽的强大力量扑面而来时，仅仅靠着不畏牺牲的精神和团结一心的意志，并不能完全抵御残酷而冰冷的战争规律。

难道运气总是这么差？

李广为之前在政治上的重大失误付出了惨痛的代价。频繁的调动和密集的战斗让这位老将疲惫不堪。然而为国尽忠的高贵品德和坚韧不拔的顽强意志，让始终处于逆境中的李广依然坚持拼杀在第一线。

可惜，战争中的好运气似乎总是漏过了李广，一生中与匈奴大小战斗了数十次的老将，却不断地遭遇到军力远胜己方的匈奴大部，也不断地在广袤的大漠中迷失道路，错失战机。难道真的是命运特别注意到了这个不屈而固执的将军，进而持续地捉弄调戏他吗？

显然，这个世界上并没有什么所谓的命中注定，谋事在人成事在天的哀叹，常常是未能尽谋其事而失算者无力的反驳。任何事物在发展和消亡的过程中，都蕴含着必然的客观规律。

密集的战斗令李广养成了枕戈待旦、来即能战的优秀素质，但是却让这位坚信时刻都能够凭借精神力量战胜敌人的将军，忽视了侦察和情报在战争中的重要作用。哨探作为整支军队的眼睛，脱离本军，无时无刻有可能与敌军侦察部队发生面对面的残酷绞杀，甚至陷入敌军大部队的包围和埋伏中。所以，侦察哨探部队，必然需要具备出色的个人战斗素养和严谨机敏的战争经验。前者需要系统而严苛的军事训练和强健的体魄，而后者，则需要经年累月的战场磨砺和冷静清晰的头脑。

李广偏偏忽视了这一点。

因为宽仁，他并不重视严苛的训练；因为部队缺乏足够的训练，导致了所部士兵在残酷战斗中的难以存活。在经年累月的战争法则淘汰之下，他的部队中始终缺乏优秀的侦察力量，能够为他提供准确而有价值的军事情报和地理资料，进而又导致了所部多次处于战争中的弱势一方，造成了士官和将校阶别的部队中层力量不断战损，底层士兵不断阵亡，形成了一个部队未能越战越勇，越战越精，反而越打越少，越打越弱的恶性循环。

而且，李广的骨子里，依旧流淌着当年大秦悍将李信的血。滚烫的热血刺激着李广的神经，鼓舞着他坚持像当年先祖李信伐荆之前那样，向秦王嬴政保证二十万军，即能消灭拥地千里、带甲百万的强大楚国。他更认可以寡敌众、以少胜多、置之死地而后生的决绝勇气，因为在他看来，自古以来，只有如此，才方显出铁血男儿的英雄本色。

李广是一个英雄。

然而英雄总是孤独的，所有能够名垂青史的英雄们，都是能够凭借手中长剑，在卑劣小人布下的绝地死局之中，力挽狂澜于既倒，独扶大厦之将倾。

可惜，李广没能读懂当年完成了先祖李信未竟的伐楚大业，率六十万大军一战功成的王翦心计。可惜他没能明白，孤独的英雄之所以总是出现在不胜则死的困局之中，并非是英雄本身犯下了导致困局的错误，而是英雄们在为这些错误付出代价而已。

如果当年的李信能够正确评估和规划伐楚战争的战略战术，

如果秦王嬴政能够听取老将王翦的战争策略，如果当年的楚王能够励精图治，如果当年的六国能够团结一心，如果当年周幽王做一个勤于政事、爱民如子的好皇帝，如果当年商纣王能够体恤民情，宽宏仁爱……

然而历史并没有如果，所以有了分封天下的西周王朝，所以有了波澜壮阔的春秋战国，所以有了力挫秦军的楚将项燕，所以有了名垂千古的名帅王翦，所以，有了扫平六国的大秦王朝，所以，有了那么多，令人津津乐道、脍炙人口的英雄。

李广没有明白，失败本身并不能凭着坚强的意志就转化为力量和财富。唯有不断地接受和总结失败的原因，进而看清能够真正迈向成功的方向，才是真正的力量和财富。

政治风云中已经给自己之后的道路中布下了荆棘的李广，并没有发现这其中玄机的他依旧坚持着自己认定的道路。这也为之后的他，留下了频繁调动和持续征战的新困局。而在频繁调动和持续征战的环境下，李广又陷入了不能融入军队战略战术改革，体系训练提升军队战斗素质和战场生存的怪圈。而这些不利的条件，在残酷而无情的战争之中，不断发酵，成为了套在这位老将脖颈上越勒越紧的枷锁。当不再能够凭着忠勇善战的个人能力主宰战争的时候，这位老将却没有明白，自己到底摔倒在了哪里。

当卫青、霍去病等一批新生代将领逐渐成长起来的时候，这位老将依旧在各种各样的困局中拼命挣扎。他讨厌集中优势兵力，歼灭敌军有生力量；他讨厌千里突袭，烧杀抢掠，降低敌国战争潜力；他更为不喜的是，卫青等人没有忠贞高贵的出身，却靠着裙带关系能够统帅全军，南征北战。

当卫青的精锐军队逐渐开始主宰战争，虽然只是避敌锋芒攻敌不备，但是莫名其妙的敌军的锋芒就那样黯淡了下去；不体恤士卒的骄横少年霍去病带着皇帝给他的精锐骑兵，纵横千里，封狼居胥；这些凭着裙带关系的家伙们，竟然也能打败匈奴。

李广很难过，这个世界，再也没有了他所熟悉的英雄，再也没有了他所坚持的信念，再也没有了能够让他一展身手、实现梦想的舞台。或许，自己真的生不逢时吧，毕竟汉文帝曾经夸赞自己若是生在楚汉相争之时，定能封侯万户。或许自己真是斩杀降卒八百，遭到了老天爷的报复，一生坎坷吧。或许，真的是运气不好。

可惜回过头，却能看到，并非是所有人都愿意愚弄和陷害李广，也并非是他不够优秀，更不是时代的浪潮偏偏选择了摧毁他所坚持的理想。而是老将李广，始终在逆势而为。

卫青凭着姐姐受封的裙带关系，得到了学习和提升自我军事素质的机会，或许是运气好吧，偏偏汉武帝看上了卫子夫。然而坎坷的童年和谦卑的骑奴生涯让卫青养成了内敛坚韧的性格，获得了弓马娴熟的出色技巧。

霍去病凭着舅舅显贵，能够纨绔长安，骄横霸道，或许是运气好吧，偏偏他的舅舅卫青能够不断打败匈奴。然而，霍去病却能够凭借着出色的视野和天马行空的思路，发现和探究汉匈战争的本质，进而对整个西汉军事战略体系做出改革，更新战术，直到饮马瀚海，封狼居胥。

可惜了，英雄李广，可能真的是运气不好吧。

文人墨客为何推崇他？

尘埃落定，无论是汉武大帝刘彻，还是大将军卫青，没有人能够抗衡时间的力量。生前身后，总会有功过评说。

从来没有一个武将能够得到千年来文人们如此罕见而统一的推崇，甚至书写了《史记》的太史公司马迁，也在行文之间，凝聚着自己难以抑制的情绪。到了后世，对于这位悲情的英雄将军李广，更是有无数壮怀激烈的诗人墨客，将李广的英名传唱千古。

其身正，不令而行；其身不正，虽令不从"。其李将军之谓也？余睹李将军悛悛如鄙人，口不能道辞。及死之日，天下知与不知，皆为尽哀。彼其忠实心诚信于士大夫也？谚曰"桃李不言，下自成蹊"。此言虽小，可以谕大也。

猿臂善射，实负其能。解鞍卻敌，圆阵摧锋。边郡屡守，大军再从。失道见斥，数奇不封。惜哉名将，天下无双！

——《史记》

嗟乎！时运不齐，命途多舛。冯唐易老，李广难封。屈贾谊于长沙，非无圣主；窜梁鸿于海曲，岂乏明时？所赖君子见机，达人知命。老当益壮，宁移白首之心？穷且益坚，不坠青云之志。酌贪泉而觉爽，处涸辙以犹欢。北海虽赊，扶摇可接；东隅已逝，桑榆非晚。孟尝高洁，空余报国之情；阮籍猖狂，岂效穷途之哭！

——《滕王阁序》

少年十五二十时，步行夺得胡马骑。
射杀中山白额虎，肯数邺下黄须儿！
一身转战三千里，一剑曾当百万师。
汉兵奋迅如霹雳，虏骑崩腾畏蒺藜。
卫青不败由天幸，李广无功缘数奇。

自从弃置便衰朽，世事蹉跎成白首。

昔时飞箭无全目，今日垂杨生左肘。

——《老将行》

林暗草惊风，

将军夜引弓。

平明寻白羽，

没在石棱中。

——《塞下曲》

……

一位失意的武将，能够得到如此高的评价，传唱在瑰丽的诗篇之中，在多以成败论英雄的世界里，让人叹为观止。然而，为什么包括太史公司马迁在内的文人们，都如此愿意将李广塑造成如此悲壮的英雄呢？

纵观历史，却发现了这样奇妙的联系。这些文人墨客们或多或少的与这位悲情将军有着相似的命运。包括为了李陵辩解而触怒武帝被施以宫刑的司马迁，包括感叹时运不济、怀才不遇的王勃、王维等。他们竟然全部都如同李广一般，空有忠心报国的宏图大志，却因为这样那样的原因四处受挫，命运多舛。

于是，始终无法抒发的才华和情绪，在苦难的酝酿之下，总要有一个宣泄的出口。而很遗憾，天才和英雄似乎总是孤独而痛苦的。不如意事常八九，可与人言无二三。这些无处寄托而在胸中激动不已的苦闷，只好就此寄托在一个看来与他们命运极其相同的李广身上。

谈起李广，或多或少地总会提到卫青，提到霍去病，并非是这两人的才华和能力不够出众，而是他们从低贱的底层，似乎靠着命运的眷顾得到了当权者的垂青，从此平步青云，建立了不世功勋。似乎他们的成功来的太过容易，似乎李广的人生太过苦难。而自己，并非否定卫霍的功业，只是痛恨自己没能得到一个能够一展身手的机会。

千年以来，宽厚清廉的老实人总是能够得到大众的认可和支持。而平民百姓们天生对于权贵的警惕和反感，则更为与卫霍同期却未能建功立业的李广注上了几分弱势的烙印。而善良的民众，总是能够看到李广悲壮而勇敢的抗争，更是关注于卫青的姐姐得到了皇帝的恩宠，霍去病不恤士卒。

悲剧总是更容易让人落泪和铭记，苦难却总会欺凌弱者。当无数人没能有一个被皇帝恩宠的姐姐卫子夫，也没有一个能够威震塞外的舅舅卫青之时，都会看到，李广一生颠沛流离，都会感受到，那一份来自于君王和命运的不公和压迫。

对于已经踏上了历史巅峰者的歌功颂德从未少过，确实更多的赞颂和支持来自于对力量和权贵的敬畏。然而没有人喜欢去想，当初的高祖刘邦如何受尽了人间苦楚，九死一生，方才在血与火之中，建立了西汉王朝的宏伟基业。固然有赞颂刘邦者，但是更多的文人墨客，都愿意将注意力，放在刘邦斩杀功臣旧将的毒辣权谋上。因为，他们的命运似乎再次与为君王付出一生，却不得封赏反被杀戮相重合。

亦如李广一般，他为西汉王朝征战边疆，出生入死，却没能得到明君的赏识和重用，反而是凭借着暧昧关系呼风唤雨的卫霍二人，战无不胜，封妻荫子。此时，诗者文人们，再一次感受到了命运的无情：一个智勇双全、赤胆忠心，只不过是政治上站错了一次队，就被君王权臣无情迫害的悲壮将军，与得罪了某些昏君佞臣，而被流放排挤的自己，何其相似！

可惜，文人都是浪漫的，他们并不明白，在铁血无情的政治斗争之中，一个军方将领错误的立场和行为，在君王眼中到底有多么严重。他们也不能理解，为什么总会有不学无术，靠着阿谀奉承、玩弄权术而站在顶峰的奸佞小人蛊惑圣听。却殊不知，不能够凭借智谋才智挫败这些他们所不齿的小人，也更遑论有足够的能力，重振乾坤。

从来人生总是如此残酷和决然，永远不会有顺风顺水的环境和十全十美的清明朝堂。能够在时代的滚滚洪流之中奋力搏杀，披荆斩棘的斗士们从不会将才华和时间浪费在发泄郁结和抱怨不公之上。他们没有时间，也没有心思，去痛骂已经形成的不利局势。他们只会靠着自己的勇气和力量，创造出理想的未来。即便失败，也只会高呼一声：

我自横刀向天笑，去留肝胆两昆仑！

没有人会为了跟随李广，埋骨荒漠的战士扼腕叹息，即便他们本不应该就此进入匈奴的伏击圈。也没有人会在意那些因为迷失了道路，饥寒交迫倒在茫茫草原上的战士抱怨不公。毕竟，为国捐躯，难道不本应就是军人的职责和荣耀吗？

可惜，没有人觉得李广应该及早地发现匈奴的阴谋，也没有人觉得迷失道路错失军机是将军的过失，文人们只会认可误中埋伏，大军溃败后被俘的将军能够诈死纵身，一跃而起后夺马而逃。文人们只会称颂着以寡敌众、拼死力战的战斗精神，却忘记了，"避其锋芒，击其惰归"的《孙子兵法》。

战争永远是如此残酷，集中优势兵力，歼灭敌军有生力量的法则是获胜应该具备的重要条件。不遵守这个客观规律的将军和军队，或许能够凭借着勇武的精神和悍不畏死的信仰，克敌制胜，但是并不表示，这样的胜利可以一直持续下去。

文人们并不觉得李广的战败是他违背了战争的规律，未能融入新时代的体系，他们只是为这位百折不挠的宽仁将军寻找着各种各样的原因和理由。就像他们自己，不停地向着不公的命运呐喊，却没能发现自己到底错在了哪里。于是，君王昏聩、权臣当道、怀才不遇的理由成为了他们最后的挡箭牌。

李广的失败并不可悲，他依然是一个值得铭记的英雄，毕竟任何一个敢于和时代浪潮拼命搏杀的战士都值得尊敬，所以沉默的老将成为了文人们心中最后的寄托。而很多浪漫的诗人墨客们，却只是不停地躲在一片自我的世界中，呐喊着，哀叹着，等待着命运无情的收割。

这些文人，是可悲的。

不会有人无条件地接受别人的思想，就像不会有人无条件地为别人的错误付出代价。李广高大而沉默的背影，为无数懦弱者遮挡住了来自全世界的刀光剑影，李广宽阔而有力的臂膀，则为那些始终不敢拔剑而起，为自己人生战斗的可怜虫，托起了一片天空。

当司马迁为了李陵，在朝堂之上激怒了汉武帝刘彻之后，他将所有的情绪和力量，全部倾注在了"史家之绝唱，无韵之离骚"的《史记》上，他一边站在李广的背后呐喊，一边自己拼命站了起来，与李广一同，向着命运，挥出了能够刺穿时光的利刃。

即便就叹一声，李广之名，获誉于士大夫之口，感动于流俗之心罢。

因为，这个世界，依旧需要这些固执而悲壮的英雄。

七战七捷龙城将，谦逊宽仁长平侯——卫 青

　　他私生子出身，童年饱尝艰辛，做过卑贱骑奴。但忽然间，命运似乎向他伸出了橄榄枝：姐姐得到汉武帝的喜爱后一路平步青云。首次出战，直捣匈奴圣地龙城，之后，收河朔、复河套、奇袭高阙、二出定襄，七战七捷。当王维愤慨地写下"卫青不败由天幸"之后，身为军事将领的岳飞却说："卫青、霍去病，将之典范，吾当效之。战法革新破匈奴，卫青始。"

　　他，就是汉武大帝的小舅子，真正的龙城飞将，卫青。

为何童年如此苦难多舛?

时光的力量可以侵蚀一切坚固的堡垒,在皮鞭和长剑驱赶下无数民夫辛苦筑起的万里长城,在塞外凛冽的寒风中,渐渐露出了裂痕。埋葬在烽火台下的尸骨重见天日,化作了灰蒙蒙的沙尘,不知飘向了何方。

岁月的刀锋能够杀死任何无敌的名将,即便李牧和蒙恬没有倒在内斗的血泊中,至今,也早就魂飞魄散,英灵渺渺了。耳畔依稀回响着戍边征夫声嘶力竭的呐喊,眼前,恍惚,有折断的金戈,染血的军旗。

世代繁衍在这片天空下的汉民族一点一滴地筑造着瑰丽的文明,然而争夺能够支配这片锦绣河山的战争总是此起彼伏。统治者们为了野心和欲望,不断地互相攻伐,不断地消耗着这块土地的生机。而与此同时,广袤的大漠上,诞生了一群不擅创造财富的天生战士。他们需要在马背上,用手中的长弓劲弩,与天地,殊死搏杀。

百年韶华,若白驹过隙。终于,这群马背上的武士也开始建立属于自己的文明。而寸草不生的荒漠上,只有淡淡的血腥味,随着如刀的罡风，四处飘荡。于是，开始有了扬起长鞭、策马追寻天地无声指引的骑士，发现了令他们眼花缭乱的新世界。

这里有温暖的春风，有肥美的粮食，有如画的山河，有富饶的土地。但显然，并不会有人白白将自己辛苦创造的财富拱手相让。于是，习惯了用长弓和利刃交易的武士们，开始了对这片新世界的探索和"交易"。

越来越多的武士和他们的首领们尝到了劫掠的甜美味道，北方地区的百姓不断遭到血腥的屠杀和抢劫。而原本就并不彪悍善战的民族，还并不能将力量集中使用，面对专心劫掠的入侵者，生活苦不堪言。

在中原大地上，权力的更迭和秩序的重建总是会伴随着血流成河的战斗。偏偏在这里，权力和秩序的改变非常频繁。东周王朝被用来博取妃子一笑的烽火，点燃了春秋战国旷日持久、遮天蔽日的狼烟。北方秦、赵、燕等诸侯国，一面需要角逐中原，一面还需要不断抵抗入侵者。燕、赵等国不堪压力，渐渐在旷日持久的混战中败亡湮灭。从惨烈厮杀和熊熊战火中建立的秦王朝，终于站在了权力巅峰，开始舔砥伤口，整合力量。

名将蒙恬率领着大秦帝国纵横天下的虎狼之师，在举国之力的支援和协助下，将只喜欢抢劫的北方游牧民族整治得老老实实，随后，开始缔造人类文明的一个传奇——万里长城。

及至始皇，奋六世之余烈，振长策而御宇内，吞二周而亡诸侯，履至尊而制六合，执敲扑而鞭笞天下，威震四海。南取百越之地，以为桂林、象郡；百越之君，俯首系颈，委命下吏。乃使蒙恬北筑长城而守藩篱，却匈奴七百余里；胡人不敢南下而牧马，士不敢弯弓而报怨。

——《过秦论》

然而祸起萧墙，千里金城的函谷关并没能为昏庸君王和奸佞臣子遮风挡雨，新的混战再次拉开了大幕。经过你死我活的搏杀之后，汉高祖刘邦接过了指引方向的无上权杖。为了得到这份权力，无数强壮的战士埋骨异乡，无数恢弘的雄关，毁于战火。

被蒙恬打压的匈奴们在中原内战的时期休养生息，积蓄力量。如今蒙恬早已作古，西汉王朝满目疮痍，从这片富饶土地劫掠财富的机会，终于到来了。

高祖刘邦决定凭借手中的长刀让匈奴们安分守己。可惜，三十三万大军被四十余万匈奴铁骑困在白登七天七夜，险些付出生命代价的刘邦终于发现，原来这个建立在废墟上的西汉王朝，需要休息。

男人们的刀剑已经不足以保卫家园了，于是花团锦绣的未央宫里，千娇百媚的公主嫔妃们选择了用柔弱的肩膀扛起王朝存亡的重担。故国三千里，深宫二十年。从第一位远嫁匈奴的鲁元公主开始，忍受着寂寞深宫孤独煎熬的公主宫女们，又多了一个无法逃避的使命。西汉王朝自高祖刘邦起，到汉武帝刘彻的六十余年间，共有十位宫女前仆后继地远赴他乡，埋骨大漠。

这种和亲政策，直到文景之治时期渐渐发生了变化。西汉王朝经过数十年的休养和发展，逐渐恢复了元气。粮仓中终于有了因吃不完而发霉的谷物，国库中，也有了生锈的铜钱。

刘彻从汉景帝刘启手中接过了权力，他决定开始磨砺刀剑，操练战士，用力量和鲜血，来让那些躁动不安的大漠女婿们，提高一下对大汉天子的敬畏和尊重。

卫青，就诞生在这个汉匈双方都蠢蠢欲动的时代里。

这个时期，无论文臣武将，高官贵族，村野农夫，都很关注两国之间的军政形势。每个人都有些期待，有些恐惧，有些暴躁，有些跃跃欲试。因为，很明显，一场战争，即将拉开大幕。一个能够凭着无需承担责任的杀戮而改变命运的机会，就要出现了。

现在，家里要多有几个儿子就再好不过了，因为，强壮的男丁，是军队的主要组成，况且也许要打仗了，谁还管得了什么将来。

平阳侯府里，有个普普通通的女仆，嫁给了一个卫姓男子，生下了三个女儿，一个儿子。在侯府中做事的女仆更多地嗅到了开放自由的气息，不久之后，一个小官郑季走进了这个女仆的人生，并与她又生下了三个儿子。

卫青，就是郑季与女仆私生的第一个长子。

他没有得到应有的关爱，难以启齿的身世带给了他贫困苦难的童年。他的身边尽是些热血沸腾躁动不安的人们，一个没有父亲宽阔肩膀保护下的小孩子，不得不忍受着铺天盖地的欺辱和嘲笑。这段饱尝艰辛的人生经历，让小卫青渐渐懂得了用谦卑和示弱，保护自己。

年龄不断增长的卫青需要用以维生的粮食也越来越多，不得已之下，他被母亲送出了侯府，来到了父亲郑季家里。然而，郑季并没有把这个因错误爱情而诞生的孩子放在心上，小卫青被生父赶去牧羊，而郑季家的儿子们，更是没有把他当成兄弟，反而将这个小弟弟当成奴隶一样呼来喝去，任意打骂欺辱。

从小就要靠着辛苦劳动才能维持生活的卫青，在沉重的工作磨砺下，练出了强健的体魄和娴熟的生产技巧。不甘心就这样生活下去的卫青毅然决定离开郑季，回到母亲所在的平阳侯府，做一名骑奴，养活自己。

出色的工作能力和高大威猛的外貌让他从骑奴中脱颖而出，饱尝人间苦难的经历让他懂得了对别人保持尊重，保护着自己不被非议和嫉妒的暗箭悄然伤害。

苦难本身并不会带给人生任何财富，真正的收获来自于对抗苦难而顽强向上时获得的能力和韧性。有太多人面对命运的不公平时自暴自弃，泯于平凡，将自己的人生就此蹉跎。但在汹涌的逆流之中，总会有人选择奋发向上，能够将弱者的意志和信心烧成灰烬的命运之火，却是他们浴火涅槃，改变世界的人生起点。

卫青不会抱怨这个世界，他只是在强大的压力之下默默挣扎着，活下去，积蓄力量，仰望着阳光。

不勇敢，没有人替他坚强。

卫子夫凭什么得到恩宠？

作为骑奴，在很多人看来何其悲哀，同是生而为人，别人可以一出生就含着金色的钥匙，徜徉在温暖的阳光之下，而自己却要为人奴隶，看人眼色，甚至被当做是工具、物品或是财产。

但从更加艰辛的生活中成长起来的卫青并不觉得自己作为骑奴是耻辱。他无比珍惜这份新的生活，强韧的心理承受能力让他迅速进入了角色，既然已经向前走了一步，那么就稳健地走好。

一个从小放羊的孩子明白，如果不能够管理和伺候好这群绵羊，那么自己就将要受到来自别人的打骂，甚至还会尝到饥饿的滋味。卫青知道，放羊是一份工作，想要做好，需要不断地学习和积累经验。如今，工作是骑奴了，那么，不需要浪费精力用在抱怨为人奴仆的不公，就可以好好了解一下如何把马养好、骑好。

骑奴若不满足于如此卑贱的身份，就不会付出真正的努力来应对工作。而对于卫青来说，他没有觉得被人呼来喝去是什么难以接受的事情，毕竟，这是自己的工作和职责，既然需要做，那就心平气和地去干好。

在一群每天不自觉地将对生活不满而产生的烦躁挂在脸上的骑奴之中，总是笑眯眯而踏实肯干的卫青显得与众不同。无论多么辛苦，他总是不会抱怨，而且，还会认真去做。作为主子们，显然更喜欢满脸阳光任劳任怨的下属。

于是出行在外的时候，卫青得以跟随，原本只能看到一片牧羊草地的少年见识到了巍峨的甘泉宫，看到了气象森严的皇家卫队，也结交了一些和他性格相投的朋友。

卫青如饥似渴地感受着，学习着，努力融入这片更加广阔的天地。全民尚武的气氛之下，达官贵人们也少了很多矫揉造作，多了些智谈谋语，而将校士兵们，也不断地提升着自身的军事素养。跟随着主人们四处拜访出行的骑奴卫青，默默倾听着，观察着。

出身名门的将军们或许更加精通兵书战策，而在最底层仆役中学习的卫青却越发了解每一个细节。他更关注于"怎么做？为何如此做？"，而将军们却多去思考"要不要做和凭什么做"。无关对错优劣，只是所处地位不同，将军们可以考虑做还是不做，而没有选择权力的卫青，只会把注意力放在"如何做好"上面了。

所以当汉武帝悍然发起对匈奴的战争之时，很多声名在外的将军和深谙谋略的文臣们都在不断地讨论和分析这场战争是不是应该开始，开战之后能达到什么样的目的，而卫青，却只是不停地思考和努力，想尽办法取得胜利。

很巧的是，他的姐姐卫子夫与卫青的性格颇为相似。作为歌女，又何尝不是痛苦不堪，明明天生丽质，却因出身，只能被迫去付出自己的美色去等待贵人恶毒垂青，甚至成为别人的玩物。她也并没有对自己的身份抱怨和不满，不去思考自己为什么是一个歌女，只是不断积累和提升着自己，让自己能够在歌女中出类拔萃。于是，一个始终坚持着自信和努力的女子，渐渐要迎来崭新的人生。

公元前 139 年春，汉武帝刘彻前往灞上扫墓，途径平阳侯府做客，每一个贵族都精通享乐之道，否则在贵族圈子里如何混得下去。这位血气方刚的年轻帝王来到府上做客，大家心知肚明地安排宴席为皇上缓解疲劳，找个乐子。

从来酒色相生，酒过三巡，大家兴致勃勃，一抹酣红也悄悄爬上了皇帝的脸颊。众人会意。早有准备安排好的十余个美貌女子轮番上前为皇帝祝酒，却没有一人让见惯了天下秀色的天子动心。当众人不知什么样的女子才能够让君王满意的时候，自然而然地，想起了府中最为与众不同的那个歌女——卫子夫。

平阳公主马上唤来所有的歌女前来助兴，卫子夫清新脱俗的美好容颜和认真打理过的飘逸长发，以及发自内心的自信和满足，让她在这群歌女中鹤立鸡群。对之前数十个佳丽红颜没什么兴趣的刘彻忽然觉得眼前一亮，当场就看中了这个美丽的女子。

这位并不是很在意什么血统出身的皇帝，从来都没有把垂着银白胡须的老先生们每天念叨的"修学好古，乐褒尧舜之德，周之古礼、王者之娶，必先选于大国之女"放在心上，虽然统治一个国家需要尊重文化，讲究气度尊卑，但是放在自己身上，刘彻显然不屑一顾。

汉武大帝一方面为了巩固统治大力推崇着高雅的礼仪和尊贵的荣耀，一方面自顾自地潇洒地生活着，判断着，追求着自己心灵的自由。于是，这个秀发飞扬、神采万千、气度不俗的翩翩歌者卫子夫，让一见钟情的君王牵着水嫩青葱的双手，跟随着刘彻前往御用车驾，伺候更衣。情不自禁的君王回到轩车后，再也按捺不住躁动的情愫，两人相拥，春意盎然。

平阳主求诸良家子女十余人，饰置家，帝祓霸上，还过平阳主。主见所侍美人，帝不说。既饮，讴者进，帝独说子夫。尚，主也。时于轩中侍帝，权主衣裳。

——《汉书》

就此，卫氏家族，开启了崭新的生活。

并非卫子夫有着能够艳压群芳的绝世容颜，也并非仅仅靠一头飘逸长发和婉转歌喉就能够让一个见惯了天下绝色的君王一见钟情。卫青和卫子夫的身上，都有着那种既对于现状懂得珍惜和满足，同时又能不断努力和提升自我的强大气质。卫青从不怨天尤人抱怨私生子和骑奴的身份，反而不断地努力，让自己成为骑奴中最为出色的一员。卫子夫亦是如此，她并没有抱怨天生丽质却身份卑微的自身命运，反而努力地让这份美丽，洋溢着勤奋的英气，焕发着自信的光彩。

而此时的汉武帝刘彻，也正是处在坚持和亲政策安抚匈奴，两国外交中处于弱势，却又积极地提升实力、积蓄力量等待机会的时期。他从这个卑贱的歌女卫子夫身上，发现了相似于自己的伟大气质，自然也就被之所深深吸引。

并非只是刘彻荒淫无度四处留情，也并非是卫子夫勾魂摄魄妖媚绝顶。他们只是有着相似的性格，和同样的生存哲学。

常胜难道是因为运气好？

得到卫子夫的刘彻龙颜大悦，赏赐千金。平阳公主就此提出，请皇帝带卫子夫同回。被卫子夫深深吸引的天子欣然同意。临别之际，平阳公主对卫子夫勉励一番，并笑言，若是富贵，莫忘了娘家引荐之恩。

> 是日，武帝起更衣，子夫侍尚衣轩中，得幸。上还坐，驩甚。赐平阳主金千斤。主因奏子夫奉送入宫。子夫上车，平阳主拊其背曰："行矣，彊饭，勉之！即贵，无相忘。"
>
> ——《史记》

就此，卫子夫迈向了一个新的天地。然而，宫墙深深深几许，多少韶华孤老中。在别人看来，一个歌女入了宫，就此荣华富贵，令人艳羡。然而却不知，宫中多少如花女，不嫁单于君不知。卫子夫来到了皇宫，自然也没有例外，她也成为了难以再次见到君王的深宫怨女中的一人。然而，她就像当初不抱怨作为歌女一般，也并没有像其他宫人那般寻死觅活哭哭啼啼，把自己折腾得蓬头垢面懒做妆容。

她只是等待着，计划着，一如既往地保持着精致的风度。她并不缺乏耐心，也清楚自己作为女性，最为有效的武器。锦绣未央中的梅花开了，又谢了，一年的时光，就这样安静地流逝了。

公元前138年，刘彻大赦天下，同时，下令释放一批宫中年华衰老孤苦无依的女子们回家。卫子夫翩翩而去，见到刘彻之后，不怨，不恨，只是泣泪相求，请回平阳。

一瞬间，卫子夫梨花带雨、泫然欲泣的楚楚模样就像一把锋利的匕首刺中了刘彻心底的柔软，回想起去年今时，那春意盎然的轩车邂逅，看到了那双深情款款的泪眼。

飞扬的长发是思念的弦，在风中奏响了爱的天籁。卫子夫请求出宫的要求自然没有得到允许，因为天子决定把这温香软玉拥在怀中。至此，卫子夫再一次躺在了帝王的身边，走进了天子的心里。

> 入宫岁余，竟不复幸。武帝择宫人不中用者，斥出归之。卫子夫得见，涕泣请出。上怜之，复幸，遂有身，尊宠日隆。
>
> ——《史记》

以进为退的卫子夫从此恩宠日盛，甚至怀上了龙种。弟弟卫青则进入建章宫当差。骑奴出身，弓马娴熟，却又谦恭有礼，为人和善的卫青也得到了皇家骑兵卫队的欣赏，有了几个仗义而善良的朋友。

自古以来，嫉妒的烈焰从未熄灭，人性最为原始的阴暗在金碧辉煌的宫墙阴影下变得更加疯狂。卫子夫日益受宠，自然遭到了宫中陈皇后等一众嫔妃的排挤，而当卫子夫怀孕的消息传出时，陈皇后的愤怒已经无法抑制。同为后宫之人，有些事情毕竟还是有些顾忌。但是，没有什么显赫娘家的卫子夫，还有个在建章宫当差的弟弟，卫青！于是，陈皇后之母馆陶公主马上派人抓捕卫青，意欲杀害！

卫青被捕遇险，同在皇家卫队当差的朋友公孙敖拍案而起，马上派人告知了卫子夫和武帝刘彻。自己，则立刻率部冲入囚禁卫青之处，将其从屠刀之下，救了出来。

闻知消息的汉武帝刘彻勃然大怒，马上召见卫青，一见之下，暗暗称奇。原本他以为，一个骑奴出身的青年，一夜之间弟凭姐贵，难保心态失衡，放浪形骸，骄奢淫逸。何况本是无罪受难，说不得会怨气重重。然而没想到，平静的卫青并没有吵闹发泄，不依不饶，给足了陈氏皇后台阶和面子，也让盛怒之下的皇帝平稳了心情，并没有继续追究皇后，让宫廷产生动荡。

一场即将爆发的宫廷动荡泯于无形，宽厚谦恭的卫青就此走入了刘彻的视线。卫子夫更加受到恩宠，受封夫人。而卫青，则不断受到皇帝的赏赐和嘉奖，并被提拔为建章宫卫队的监理和首领。义气救友的公孙敖也得到了刘彻的褒奖。随后不久，刘彻发现卫青有着出色的学习能力和稳定的心态，再次封赏，任命其为太中大夫，享千石俸禄。就此，卫青走进了金碧辉煌的朝堂，跟随在汉武帝身边，听闻朝政，学习军事。

> 建元二年春，青姊子夫得入宫幸上。皇后，堂邑大长公主女也，无子，妒。大长公主闻卫子夫幸，有身，妒之，乃使人捕青。青时给事建章，未知名。大长公主执囚青，欲杀之。其友骑郎公孙敖与壮士往篡取之，以故得不死。上闻，乃召青为建章监，侍中，及同母昆弟贵，赏赐数日间累千金。孺为太仆公孙贺妻。少儿故与陈掌通，上召贵掌。公孙敖由此益贵。子夫为夫人。青为大中大夫。
>
> ——《史记》

雄才大略的汉武帝显然并不是只会扫墓和临幸歌女，他对大汉王朝的政治和军事系统发展和完善做出了巨大的贡献。跟随在他身边的卫青，不断地吸收和学习着，不断弥补着因出身低贱所缺失的格局视野，以及完善的军政系统理论。

公元前 130 年，匈奴兴兵南犯，并不想继续委屈求和的汉武帝拔剑出鞘，剑指漠北。西汉王朝自高祖刘邦白登之战败于匈奴之后，一直没有再起兵戈，始终采用和亲安抚、赠送厚礼的守势对待这群驰骋大漠的马上民族。

巍峨古朴的雄关，送走了太多背井离乡、埋骨大漠的柔弱女子。而这些为了国家献出一切的公主们，也不断地向自己的祖国带回大漠的骏马和消息。恍惚中，似乎有塞外进贡的宝马，却载着生长在锦绣中原的女子们，一步一步，消失在漫天的黄沙中。

马后春风马前雪，宝马佳人各阑珊！

如今国力大大增强，也获取了大量的匈奴情报，至此，西汉王朝终于发出了震耳欲聋的呐喊，旌旗猎猎，刀剑如雪。

"犯我强汉者，虽远必诛！"

将士的怒吼响彻大漠，一支支部队整装待发。弓马娴熟，通晓兵法的卫青，受封车骑将军，率一万精骑，兵出上古；公孙贺、公孙敖、李广，各领一万兵马，分出云中、代郡、雁门，共分四路，迎击匈奴。

然而公孙贺无功而返，公孙敖部仅剩三千残兵败回，李广全军覆没被俘，后凭勇武，逃回雁门。

眼看对匈奴的首次作战即将失败，在其他三路大军均告失利的不利局势下。骑奴出身、挣扎在社会底层而磨砺出的野外生存战斗能力，以及跟随武帝，博览兵法，不断学习培养出的卓越军事素养，在此时发挥了巨大的作用。冷静而果敢的卫青深入险地，突袭匈奴祭天圣地龙城，俘虏敌军七百有余，凯旋归来。

> 元光五年，青为车骑将军，击匈奴，出上谷；太仆公孙贺为轻车将军，出云中；大中大夫公孙敖为骑将军，出代郡；卫尉李广为骁骑将军，出雁门：军各万骑。青至茏城，斩首虏数百。骑将军敖亡七千骑；卫尉李广为虏所得，得脱归：皆当斩，赎为庶人。贺亦无功。
>
> ——《史记》

四路大军，两路战败，一路无功，做出决定北击匈奴的汉武大帝志忑不安，朝野骚动。然而，卫青获胜的消息传来，人心振奋。匈奴圣地龙城，历来是其信仰和朝拜的重镇，城中人物，非富即贵，守备森严，而这次战争，虽然看似汉军损失更众，但是龙城遭到攻击，七百余人被俘的损失，对于匈奴来说，亦是沉重的打击。

西汉王朝自高祖刘邦定鼎天下，白登之战后，莫说主动出击，突袭敌军腹地取胜，仅仅是依托关隘，能够堪堪守土，已是困难。而这次卫青获胜，令举国上下，精神振奋，朝堂之上，士气升腾。龙颜大悦的刘彻，当即加封卫青为关内侯。

汉匈交战以来，从未被汉军攻入境内腹地的匈奴将此战视为奇耻大辱。作为宗教中心和政治中心的王庭龙城竟然遭到了汉军突袭，损失惨重。惊怒交加的匈奴愤恨不已，立誓报复。殊不知，原本来去如风兵行诡异的匈奴军队，已在不知不觉中失去了冷静的判断和对己方攻击节奏的掌握，开始偏向了与汉军展开拉锯消耗，比拼国力的战争模式。荒芜贫瘠的沙漠草原，并不能为旷日持久的战争提供足够的支撑和补给，而经历数代君王修生养息，努力发展的西汉王朝，则渐渐开始掌握战略上的主动。

公元前128年，卫青再度受命，率三万精兵北出雁门，长驱直入，势如破竹，斩杀俘虏匈奴数千人，将两国之间的战争态势，进一步升级扩大。就这样，匈奴开始被拖入了连续与国力超过己方的西汉，硬碰硬的不利局势中。

> 元朔元年秋，青为车骑将军，出雁门，三万骑击匈奴，斩首虏数千人。
>
> ——《史记》

骑奴出身的卫青耐心地观察着交战双方的细节，同时，不断总结和研究汉匈双方战略上的优劣。汉军若能够突近敌军，凭借成熟完善的军队训练体系培养出的格斗技巧，以及远胜匈奴铸造水平而打造的锋锐武器，完全可以击败匈奴。而若是在中远距离与生长在马背上的匈奴骑兵比拼骑战，则胜少负多。

于是得到足够权力支持的卫青开始不断改进汉军的战斗模式，重视和搜集匈奴的各种情报，依靠骑兵出色的机动能力长途奔袭，攻敌不备，力争当两军交火时，迅速形成令匈奴措手不及来不及上马拉开距离的有利形势。

培养和训练一位弓马娴熟的合格骑兵需要漫长的时间，而将已经能够熟练进行军事格斗的部队，培养成只需长途骑马的士兵却不用很久。汉军完备而庞大的军事体系和充沛的国力，可以源源不断地为前线提供造血能力，而只需要能够驾驭马匹长途机动的军队，如果可以攻其不备，同样能够发挥出强大的战斗力。

公元前127年，匈奴军大举出动，欲报龙城遇袭、雁门兵败之仇。匈奴主力部队兵发上谷、辽西、渔阳，率先攻破辽西，太守力战殉国。随后力克渔阳，劫掠两千余百姓。卫青、李息临危受命，各领大军，前往迎击。

李息兵出代郡，卫青跃马云中。李息所部稳健推进，不断尝试和匈奴军展开阵地战，并不打算以己之短战汉军之长的匈奴军且战且退。而卫青，再次率领部队长途奔袭，迂回侧击，从西线绕至河套地区北部，向措手不及的高阙匈奴守军发起了攻击。

奇兵天降的卫青部队以迅雷不及掩耳之势攻陷高阙，至此切断了河套地区匈奴部队与后方的联系。随后卫青再次率部，自高阙飞兵南下，攻陷陇西，完成了对河套地区匈奴白羊王、楼烦王所部的包围。

失去了机动空间，被打乱战争节奏的匈奴部队再无还手之力，仅被生擒俘虏的军队就有数千之众，而牛羊马匹的损失，则以百万计。

水草肥美易守难攻的河套地区就此被汉军彻底控制，汉武帝立刻全国动员，迁徙十余万人至河套地区建城定居。同时，修葺长城，恢复了当年蒙恬所部在此区域所筑防御工事。设五原、朔方两郡，建立了对抗匈奴的稳定基地。

失去了重要物资产地的匈奴军陷入了不得不战、胜亦无功、败亡难补的尴尬境地，彻底失去了战略上的主动权。在随后的几年里，匈奴多次发动攻击，攻打汉军坚守的代郡、雁门，凭借局部地区的优势兵力实现了战术上的小规模胜利，但破城之后，杀掠百姓，看起来更多的像是泄愤一般，并没有取得实际意义上足够价值的战果。与之相反的是每次攻击驻守城池的汉军，都会让匈奴部队付出惨重的代价。

失去了河套地区，因随时有可能被汉军追歼包围，匈奴部队并不敢在被攻破的北方地区进行充分的掠夺和补充，加上每次攻击都损失了相当数量的精锐军士，导致的结果就是再也没能夺回整体上的战略主动和足够补充损失的丰富物资。至此，战争双方好像变成了两个并不抵挡对方攻击，只是不停杀伤对方的武士。原本像幽灵般让汉军摸不到头脑的匈奴军，就这样开始了和汉军刀刀见血的互刺。

西汉王朝的战争潜力和物资补充水平远远超过了只擅长在大漠纵横跃马的匈奴，而卫青，则多次率部，突袭千里，均在敌不备之时发动攻击，七战七捷，威震大漠。

李广漠北自尽真的怪他？

战争的天平渐渐倾斜，而双方就像杀红了眼的武士，不顾对方砍来的利刃，只是拼命挥动着自己手中的长刀。动辄上万的战损让双方的仇恨越发浓厚，仿佛唯有鲜血，才能抚平伤痕。

经过多年的战争，西汉王朝的骑兵体系逐渐成熟，军队中的新生代将领也顺利地成长起来。卫青的外甥霍去病跨上了战马，跟随着舅舅，也踏上了征服大漠的漫长旅途。

公元前 119 年，汉武帝发动了双方交战以来规模最大的一次血战——漠北之战。卫青、霍去病等名将倾巢而出。仅用于补给和提供后勤保障的汉军步兵已达数十万之众，征调各地军马十余万匹。

匈奴面对汉军的强大攻势，虽然时机不佳，局势不利，然而却又不得不倾尽主力，与汉军主力展开决战。李广多次上书汉武帝，只求率部为前锋，与宿敌匈奴展开一场你死我活的正面搏杀。

早已将视线放在了更广阔天地的刘彻知道，这位老将对于国家的忠诚没有什么问题，个人的悍勇和武力也足够斩将夺旗。然而，并不能系统地学习和融入全新战术，进而实现战略目标的固执老将，对于整体战争局势来说，并不是一个合格的前锋。并且，在整个军队体系中，格格不入的将领如果还拥有一定的声望和资历，对于战争本身，将是非常危险的不稳定因素。

但是老将为国镇守边疆数十载，劳苦功高，就此将李广召回长安必然有伤士气。于是，密令卫青将李广调至边路，担任侧翼。

愤懑的李广被怒火冲昏了头脑，失去冷静判断的将军就此在茫茫草原迷失了道路，而卫青则按照战前部署的既定目标，与匈奴主力展开了决战。霍去病则率轻骑突袭两千余里，一路追击，直追至狼居胥山，斩杀匈奴主力部队七万余，俘虏汗王三人，将军、相国等军政要员八十有余。随后，登上狼居胥山，祭天誓师。而直到卫青等人从漠北回师收兵，才在漠南，遇到了依旧在迷路中的李广军。

这场决战，双方均损失惨重，汉军方面，八成以上的马匹死于长途奔袭导致的疲劳、战斗损耗以及匈奴方面在水源中投下的毒药。数万精锐部队战死沙场，埋骨异乡。

> 两军之出塞，塞阅官及私马凡十四万匹，而复入塞者不满三万匹。
>
> ——《史记》

而匈奴一方，则损失了近乎全部主力，整个政权体系遭到了毁灭性的沉重打击。同时，还丢失了大漠南部水草肥美的广大区域，被迫举族向大漠北部更加贫瘠的戈壁沙漠以及寒冷的西伯利亚地区迁徙。整个匈奴王庭在如此沉重的打击下，再也无力维系团结统一的政治局面，在数年之后，解体为多个规模大小不一的单独部落。至此，漠南，再无王庭。

惨烈的战争让整个大漠都弥漫着浓浓的血腥味，但是，终年不停的狂风终究渐渐吹散了硝烟，汉匈之间这场殊死的决战也渐渐拉上了帷幕。

到了舔砥伤口、赏罚将士的时候了。

此战，李广率领部队，因迷路，错失战机，未能与己方主力完成会师，实现战前既定聚歼匈奴的战略目标。按照军法，错失战机乃是大罪，因为个人能力不足而没能完成任务，更是将领严重的失职。卫青问明了情况后，选择了上报汉武帝，请其定夺。

愤怒的李广并不打算被问罪之后，受到他最为看不起的文官法吏的审判。对于命运如此捉弄感到痛苦不堪的老将，举剑自杀。至死，李广并不明白，战争的模式在改变，训练体系、军队调度，并非是靠着能够等着士兵们都吃上了饭，自己再吃的形式，就可以掌控的。爱兵如子的老将没有意识到，仅靠奋勇向前、视死如归的血性，已经不能够再为国家、为百姓带来胜利了。

李广之死在民间引起了轩然大波，老将一生勤恳，身先士卒，没有倒在两军交战的沙场之上，却被卫青上报的书信逼迫而死。一时间舆情哗然。卫青默默地掩埋了老将的尸体之后，并没有向民众解释整个事件的前因后果。而认定是卫青阴谋将父亲调到侧翼，错失战机，最后又咄咄相逼至其自尽的李广之子李敢，更是在回到大营后，悍然砍伤了卫青。

这件事，卫青没有上报。

李敢以校尉从骠骑将军击胡左贤王，力战，夺左贤王鼓旗，斩首多，赐爵关内侯，食邑二百户，代广为郎中令。顷之，怨大将军青之恨其父，乃击伤大将军，大将军匿讳之。

——《史记》

实际上，下令卫青将李广调至侧翼的，是汉武帝，将军卫青只是遵循君令，事后按照军队奖惩流程上报胜负，也是按照法令处事罢了。

敢于以寡击众、冲锋陷阵的老将李广，勇武可嘉、忠贞可鉴，只是可惜，战争需要的并不是敢于带着士兵冲击远超己方实力敌军的亡命死士，而是能够率领部队，集中优势兵力，以己之长攻敌之短的常胜将军。

对于李广来说，战争，无关乎法，只关乎信。而对于家国天下来说，英勇的信念固然能够带来血战到底的勇气，但是，却远远比不上能够以最小损失，带来切实胜利的先进战法。

转战玉门三千里，剑寒河西十九州——霍去病

　　霍去病，并没有沿着舅舅卫青的道路走下去，反而将汉军战术中的车骑并用彻底摒弃，组建了一支全部由高速机动骑兵组成的突击部队，开创了以战养战，迂回纵深，穿插包围，集中优势兵力歼灭敌军有生力量的全新战法。率军深入大漠两千余里，重创匈奴左贤王部，乘胜掩杀，沙漠中，回荡着匈奴的悲歌："失我祁连山，使我六畜不蕃息；失我焉支山，使我嫁妇无颜色！"可怜天妒英才，竟英年早逝，只留下了那一声"匈奴未灭，何以家为"！

含着金钥匙的官二代？

公元前 141 年，一个名叫霍仲孺的平阳县小吏，在平阳侯府上做事。

此时，年轻气盛的汉武帝刘彻，野心勃勃地准备和匈奴来一场用刀剑相对的战争。即将拉开大幕的战争上演在即，但也并不是所有人都想着冲到前线，建功立业。毕竟，对于寻常百姓来说，保家卫国、封妻荫子固然风光无限，君王和大人们的呐喊，也是如此振奋民心，令人热血沸腾。但是，谁也不知道那片广袤的沙漠中，到底有多少嗜血的豺狼。既然我们大汉王朝有的是勇士，那么，衣食无忧的寻常小吏，更是不想把心思放在所谓家国天下的大事上。毕竟，离他的生活，太过遥远，何况，自己目下过得也挺好。

对于霍仲孺来说，与其花费心思琢磨如何能够在这场极有可能改变命运的战争中做点什么，不如把心思放在侯爷府中的美貌女眷身上来得更实际。他只是个小人物，不过对于地位更加不如自己的侯府女眷来说，还是有着很强的吸引力的。他很清楚这一点，也很聪明，懂得利用自己的优势。于是，府上有个名叫卫少儿的女眷，很快就投入了他的怀抱。

树叶绿了，又黄了，落了。这一年的时光在霍仲孺看来，确实不错，安安稳稳地做着没有什么危险的差事，就是耳边经常听到的匈奴的骑兵们，也有那些舞刀弄枪的将军们抵挡着。一切都是按照他希望的轨迹平和顺利地进行着，唯一有些意外的事情，就是卫少儿竟然怀上了自己的骨肉。

这着实有些令这个小吏感到头痛了。虽然只是女眷，但毕竟也是侯府的女眷，要是寻常人家，也没什么波澜，可是现在，只好让这个孩子生下来了。但是生下来后，自己在侯府的差役也就要结束了，那么没有办法，只好就这样罢。这个孩子，取名去病。

> 霍去病，大将军青姊少兒子也。其父霍仲孺先与少兒通，生去病。
>
> ——《汉书》

然而，霍仲孺并不是很想承认这一段莫名其妙的因缘，当然也并不想承认霍去病这个儿子。差役结束之后，他离开了侯府回到家乡，并不再与卫少儿继续联系，在他看来，这只不过是他差役生涯中的一段小插曲罢了，而卫少儿，作为侯府的一名女仆，也没有什么深究的意思。在这个经常发生动荡的年代里，没有什么比活下去更重要，至于爱情，或许太远。

回到家乡的霍仲孺很快另有新欢，他又有了一个儿子，这个儿子，就是后来成为了麒麟阁十一功臣之首的霍光。霍仲孺并不知道，他作为一个男人，无意中播下的两颗种子，改变了当时的世界。

就这样，霍去病和舅舅卫青一样成为了一个私生子，而霍去病唯一和卫青不同的地方在于，他还知道自己姓什么，而卫青只是跟随母姓。

直到那一次君王扫墓，做客平阳侯府，小霍去病的命运改变了：卫子夫被汉武大帝接入宫中，卫青成为了建章宫的骑仆。卫氏一家，三姐成了皇帝的女人，二姐自然也就不再是一个毫无背景的女仆了。于是，小小的霍去病虽然出身奴子，但是并没有像舅舅卫青那般度过一个苦难的童年。

> 青壮，为侯家骑，从平阳主。建元二年春，青姊子夫得入宫幸上。皇后，大长公主女也，无子，妒。

> ——《汉书》

卫子夫进宫之后，一开始并不是一帆风顺的。小霍去病虽然不愁衣食温饱，但是，身边的人们，也不再是那些淳朴而木讷的骑奴之类。这些人并不会忌惮在宫中尚未得势的卫子夫，更遑论去在意一个建章宫骑奴的想法。虽然不能像当年郑季父子那般欺辱打骂让他去放羊，但是在嫉妒之火作祟之下，冷嘲热讽也许并不会少。

但是同样的出身似乎给予了霍去病同样的执拗和固执，他并不想就此凭着卫子夫姑妈或者卫青舅舅的照顾只做一个衣食无忧却也浑浑噩噩的纨绔少年。他的身边虽然有对其出身冷嘲热讽阴阳怪气的官宦，但是也有着更高的平台，让他能够比舅舅卫青更为方便汲取更高层次的格局和知识。

霍去病叛逆而执拗地成长着，他不屑于那些把出身门第挂在嘴边、放在心里的所谓的长安贵胄们，对于新鲜事物的好奇心驱使着他不断探究着即将爆发的战争。他希望凭借着自己的本事，做一个让所有人闭上嘴巴的大人物。

他没有对于传统的敬畏，因为他和真正的王孙贵胄，从小接触经史子集受到尊贵而古老的熏陶不同，他只在意如何能够让传统闭嘴，如何能够看到那些他所憎恨的"规矩"的孩子被打破。

就这样，一个旁人看起来似乎是含着金钥匙出生的霍去病，在其衣食无忧的背后，并不是那么一帆风顺。这个有些偏激的少年，既因为卫子夫和卫青的关照，使得他与最底层的"奴子"圈子格格不入，又因为姑妈舅舅并足够显赫，而无法得到长安豪门的认可和尊重。

他并不恨那个抛弃了自己母亲的平阳小吏霍仲孺，他只是愤怒于这个世界对于不负责任者的纵容；他凭着最为令人不齿的裙带关系脱离了社会底层，却固执地告诉自己，即便没有姑姑舅舅的关照，他也要让这个世界听到自己的声音。

小霍去病就这样成长着，对这个世界的不满和希望改变规则的憧憬在少年的心里不断纠缠冲突，他坚持着，努力着，既从传统中获得力量，也压抑着想要刺破乌云，打破秩序的火焰。

直到公元前 138 年到公元前 129 年这十年期间，卫子夫愈发受宠，舅舅卫青平步青云，大汉王朝和匈奴之间的厮杀愈发惨烈。这个出身奴子，长在长安的另类少年，眼中似乎看到了自己的未来。

冠军侯凭何战无不胜？

时光荏苒，霍去病从那个有些偏激小孩子渐渐成长为了一个英气逼人的少年郎。在整个王朝都将目光集中在北方的时候，他下定决心，离开温暖锦绣的长安，离开安逸平淡的生活，去那片弥漫着风沙和硝烟的大漠，证明自己。

舅舅卫青在漠北浴血拼杀，年轻的霍去病也来到了战场。不需要为了生计发愁，又有着足够条件的他，凭借着执着而固执的野心，早在离开长安之前，就已弓马娴熟，勇不可当。而亲人们日渐显贵的身份，也给了他一个能够充分展示自己才华的良好舞台。

在汉武大帝刘彻之前，西汉历代王朝极其警惕的子凭父贵、兄凭姐贵这种没有什么真才实学却又靠着家族力量在政坛中混日子的行为。没有一位帝王不是自私的。即便当年出身布衣，提三尺剑去天下的高祖刘邦，在晚年时也曾经提出过"非刘氏子弟称王，天下共击之"的白马盟约。所以历来西汉君王，在任用亲属上都异常谨慎。在君王眼中，忠诚和能力同样重要，之所以王亲贵族为官被人广为诟病，多因为这些富家子弟都习惯了躺在前人的功劳簿上混吃等死。而今，一个骑奴出身的"皇后弟弟卫青"，凭着自己出色的能力和谨慎的政治立场站稳了脚跟，那么，很有可能，一个"大将军卫青的侄子"霍去病，也能够做出一番令人叹服的功业。

英武不凡的翩翩少年霍去病，就这样，成为了汉武大帝树立的偶像。他希望这个新兴的显贵家族，能够成为自己统治的有力支撑，同时，还能够不被人所诟病。

霍去病没有辜负刘彻的培养，也没有给舅舅卫青丢人。十七岁的霍去病被刘彻顶着各方压力封为骠骑校尉，来到战场的霍去病，也马上，用匈奴的鲜血，给支持他的君王和舅舅，书写了一份满意的答卷。

公元前 123 年，骠骑校尉霍去病率八百轻骑，脱离大军本阵数百里，突袭漠南，斩杀匈奴两千余，这其中，既有匈奴中地位显赫的相国和校官，更有匈奴单于祖父辈分的籍若侯。并且生擒单于叔父罗姑比，威震大漠。

经此一战，霍去病用他勇冠三军的卓越表现，让所有对刘彻任人唯亲的行为表示非议的朝野上下，闭紧了嘴巴。而刘彻，也马上下诏，封霍去病为——冠军侯。

> 上曰：骠骑校尉去病斩首捕虏二千二十八级，得相国、当户，斩单于大父行籍若侯产，捕季父罗姑比，再冠军，以二千五百户封去病为冠军侯。
>
> ——《汉书》

这场突袭让年轻的霍去病成为了西汉王朝的偶像，而此时，没有人再提起，霍去病靠着舅舅卫青的权势，混迹行伍。因为，并不是所有只会靠着亲戚显贵的世家子弟，都有足够的能力带着八百轻骑，敢于脱离本部保护，纵横大漠数百里之后，带回血淋淋的战果。

公元前 121 年，年方十九的冠军侯受封骠骑将军，春夏两季出击河西。匈奴部浑邪王、休屠王部与汉军在湟水流域一带展开血战。年轻的将军并不知道匈奴有多少万骄横彪悍的"控弦之士"，也并不在意之前几代帝王在对游牧民族作战中付出的鲜血和教训，更不会对这些彪悍的草原豺狼心存畏惧。在他眼中，要想击败凶残的敌人，就要比敌人更加凶残。

汉军在这样一位少年将军的统帅下，浴血拼杀，因为这是一场事关民族存亡的残酷战争，必定要以一方的崩溃和败亡才能结束。唯有鲜血，才能平息两个民族之间几代人的仇恨。唯有死亡，才能告慰那些为了家国天下，远赴异乡，葬身大漠的深宫怨女。

两军相遇，装备精良、士气旺盛的霍去病部彻底击溃了匈奴，斩杀歼灭匈奴河西一带精锐部队四万余，生擒匈奴王五人，并有匈奴贵族王母、阏氏、王子、相国、将军等一百二十多人。

一战之威，令天下噤声。同年秋，河西一战元气大伤的匈奴浑邪王率众降汉，霍去病受命前去接收匈奴降部。然而，投降汉朝并不能够给部落带来更为光明的前途，于是，对这次投降不满的匈奴将领和士兵们，密谋叛乱！

霍去病并没有打算用信义和道理跟这些嗜血的豺狼们谈判。他立刻率领数百精兵，突入匈奴大营，当场斩杀了企图反叛的将领和军士八千余人。

血流成河，尘埃落定。数万匈奴精锐，就此带领亲眷老弱，渡河降汉。

> 上恐其以诈降而袭边，乃令去病将兵往迎之。去病既渡河，与浑邪众相望。浑邪裨王将见汉军而多欲不降者，颇遁去。去病乃驰入，得与浑邪王相见，斩其欲亡者八千人，遂独遗浑邪王乘传先诣行在所，尽将其众渡河，降者数万人，号称十万。

> ——《汉书》

至此，在匈奴之间，有一首哀歌传唱——

失我祁连山，使我六畜不蕃息；失我焉支山，使我嫁妇无颜色！

少年功成的霍去病却没有就此满足，他明白自己之所以能够率领大军，纵横草原，固然与自身所部骁勇善战，装备精良有着密不可分的关系，同时，也是由于匈奴军政体系本身，并不是很适应一直采取守势的汉军突然出击。自古以来，匈奴始终保持着对漠南中原地区的骚扰和攻势，而当一个始终处于被动防御的敌人，忽然亮出利刃，开始刺向匈奴柔软的腹地时，骄傲的匈奴们，有些不知所措。

这场战争显然并不是短期内就会结束的。当匈奴军队逐渐开始了解和熟悉一改作风和战术的汉军战术时，一场苦战无可避免了。与生长在马背上的这些天生战士相比，开始远离城塞出击的汉军，固然能够凭着一时出其不意获得胜利，但是这些草原上的天之骄子们，也在对汉军产生着巨大的杀伤和威胁。

卫青所提倡的以骑兵强大机动能力奔袭转战，攻其不备的战术体系日渐成熟。稳定的车骑一体战术既能够充分发挥中原汉民族强大的铸造、生产和防御能力，也同时具备了一些游牧民族高机动性、出其不意的战术优点。然而，这样一个日趋稳定的军队体系，依然不能令霍去病感到满意。

中原大地断续千年的战争中，涌现了无数卓越的兵家名将，他们把自己对于战争的理解不断归纳，不断总结，逐步形成了目前堂堂正正的汉民族军事文明。虽然蛮荒落后的游牧民族凭借着来去如风的机动战术给予中原政权以持续地骚扰和破坏，但善于学习和融合的中原兵家们，也靠着一代代葬身大漠将士们的生命换来经验和讯息，开始将机动战术、奔袭作战和汉族本身的长于近身搏击、军阵娴熟等优势协同起来，逐渐形成了完善的对匈战略。

　　但是霍去病却并不想就此止步，因为他对于传统从来没有一丝一毫的敬畏。他对于所谓的经验、名家、兵法并不迷信。从小就有些偏激的少年，对于稳定的格局，有着异乎寻常的反感。

　　经过数次血战，霍去病似乎发现，汉军并没有那般不擅骑射，匈奴也并不一定在骑战中就能够占据绝对的优势。匈奴的劫掠和突袭具备着强大的破坏力，而这份野性和凶狠，或许与民族本身，并没有必然的关系。

　　既然现在国家的实力已经足够开始支撑一支完全由骑兵组成的部队，那么，草原匈奴们可以做到的，霍去病坚信，他也一定可以做到。骑兵战术所需要配备的技术支持和军械物资，大汉王朝早已拥有，甚至比匈奴更多。所缺少的，只不过是体系的建立和运作。

　　舅舅卫青可以融合运用车骑一体战术驰骋大漠，但那是卫青的路，现在，这个少年将军，决定开始迈开步子，走一条属于自己的路了。

　　有经典曾云："兵马未动，粮草先行。"霍去病对此弃如敝履。多年的大漠征战中，他并没有发现强大的匈奴骑兵们在出兵突袭之前，先把粮草和物资准备好。这群凶悍的战士们，总是喜欢用长弓利刃，夺取汉军准备好的物资补给。来去如风，一击即退。况且，实战已经证明，在这片广袤的土地上，这些只需要杀死敌人，靠着抢夺物资补充己方的草原战士，有着远胜汉军的灵活性和战斗力。

　　同时，无数名将所提倡的，与士兵同甘共苦，淡化军队阶级隔膜，从而提升士兵忠诚度和战斗力的规律，也让霍去病嗤之以鼻。他认为，战争并不是讲究人情就可以获胜的，就如同团结的草原群狼可以击败猛虎，并不是每一只狼都对头狼感恩戴德，只不过因为，如果不胜，只能去死。

于是，当汉武大帝有心培养这位少年将军，为他讲解《孙子兵法》《吴起兵法》之类的经典之时，固执的霍去病只丢下了一句："打仗凭着随机应变的谋略，无需看什么古代的经典兵法！"

> 上尝欲教之吴、孙兵法，对曰："顾方略何如耳，不至学古兵法！"
>
> ——《汉书》

没想到，在霍去病这里碰了个软钉子的汉武大帝却并没有生气，他似乎从这个固执执拗的少年身上看到了自己曾经的影子。

霍去病从未打算跟随舅舅卫青飞翔，因为这样，他永远不会比卫青飞得更高。他要凭借自己的翅膀，向传统和秩序，宣战。

在汉武大帝刘彻的支持下，霍去病开始大力改革所部军事体系和战略战术。什么孤军不入险地，什么爱兵如子，什么堂堂之师，什么兵马未动粮草先行，统统消失在了他的部队之中。他只在乎不入虎穴焉得虎子；他只讲究胜则赏败则亡；他只在乎血债血偿；他只在乎抢不到匈奴的物资粮草，那么就倒在大漠里罢！

从周代开始，延续到春秋战国甚至汉初的车兵部队彻底从他的战斗序列中消失了。驱逐和击溃匈奴部队，并不能让这个少年满意，他只需要，手中的长刀，饱饮鲜血，让这些草原上的豺狼们，埋骨塞外。

卫青自龙城奇袭之后，先后七战七捷，收河套，败单于，追亡逐北，但是没能彻底将匈奴主力部队歼灭。这在霍去病看来，一支匈奴军队即便被打散击溃，在草原民族全民皆兵的社会体制下，并不能是完全的胜利，也就更遑论永绝边患。

沉重的车兵和厚实的铠甲抵挡了塞外的风沙，也让军人的血性和勇气被层层包裹。现如今，不会再有坚实的车阵和坚固的盾牌了，军人们只能凭借手中的利刃，在敌人的刀锋刺进自己身体之前，让对方先倒在自己的马蹄下。

至此，汉军的军事配置逐渐开始从车骑一体向全部骑兵转型。一支数目惊人的精锐骑兵部队就此诞生。霍去病带领着他们，纵横大漠，奔袭千里，成为了西汉王朝最为锐利的刀锋。

迂回侧翼，奔袭突击的战术在霍去病手中发挥出了超乎想象的威力。对于匈奴人来说，一个老谋深算、计无遗策、稳定的令人绝望的卫青成为了抵挡他们的最坚固壁垒。而一个天马行空、烧杀抢掠、为了胜利无所不用其极的疯狂少年，摧毁了这些大漠战士们，最后的勇气。

公元前119年，决定汉匈两族气运的漠北决战拉开了大幕。卫青、霍去病各领汉军精锐五万余，深入塞外，寻找匈奴主力，展开决战。

二十二岁的霍去病，抛弃辎重补给，一路向北突进两千余里，越离侯山，渡弓闾河，在苍茫大漠，与匈奴右贤王部主力接战。此战事关民族存亡，匈奴军败退则死，而霍去病所部，孤军深入，若无胜机，则必埋骨他乡。

两军随即展开了殊死搏杀，遮天蔽日的旌旗下，少年将军长剑所指，凝结着几代人血债血偿的复仇信念。回荡塞外。在声嘶力竭的呐喊声中，同样没有退路的汉军，浴血奋战。

鲜血浸透了黄沙，硝烟遮蔽了太阳。战场上伤兵们的哀嚎，和噼啪作响燃烧的军旗，让等待着一场盛宴的秃鹫和鬣狗也不敢靠近。最终，匈奴右贤王部兵败不敌，七万余精锐彪悍的草原骄子，成为了游荡在塞外广阔天空中，无处可去的冤魂。

然而霍去病并没打算让战败的匈奴部队就此逃跑，杀红了眼的汉军丢下了倒在泥泞草地中的袍泽和受伤的马匹，衔尾追击。乘胜猛攻的汉军一直追到狼居胥山，方才停下了脚步。霍去病，则信步登山，在这座凝结着匈奴人信仰的山峰上，筑台祭天，随后下山，挥师姑衍，封禅祭地，兵锋直指瀚海。

> 骠骑将军去病率师，躬将所获荤粥之士，约轻赍，绝大幕，涉获章渠，以诛比车耆，转击左大将，斩获旗鼓，历涉离侯。济弓闾，获屯头王、韩王等三人，将军、相国、当户、都尉八十三人，封狼居胥山，禅于姑衍，登临翰海。执卤获丑七万有四百四十三级，师率减什三，取食于敌，逴行殊远而粮不绝。

——《史记》

经此役，漠南，再无王庭。霍去病一战封神。

并非仅仅是霍去病的运气足够好，也并不是匈奴的战斗力大不如前，更非只是这支汉军有着优良的装备和强壮的宝马，而是这支部队，有着时刻置之死地的勇气，和那位永远挑战着传统，与整个世界为敌的偏执少年。

这场战中结束后，迷途的老将李广在卫青帐前伏剑自杀。

射杀李敢只为报私仇？

老将李广的自杀在民间和军队里都掀起了轩然大波。爱兵如子勤勤恳恳的老将的自杀在传统的观念中站在了道德的制高点上。得知了消息的李广之子李敢，咬定是卫青逼死了自己的父亲，于是在一次军事会议中，拔剑砍伤了大将军卫青，卫青却把这件事隐瞒了起来。

一年后（公元前 118 年），甘泉宫围猎中，霍去病得知了李敢曾经刺伤了卫青的消息，这位纵横大漠的铁血将军，毫不犹豫地引弓射杀了李敢。

这次上演在武帝面前的刺杀，被天子隐瞒了下来，并对外宣称，李敢是被野鹿顶死的。

> 敢怨大将军青之恨其父，乃击伤大将军。大将军匿讳之。居无何，敢从上雍，至甘泉宫猎，骠骑将军去病与青有亲，射杀敢。去病时方贵幸，上讳云鹿触杀之。
>
> ——《汉书》

看起来，霍去病似乎是骄横鲁莽，为报私仇，杀害了军中大将，而宠信他的汉武帝看来也是糊涂得很，居然就这样光明正大地包庇这个目无法纪的杀人凶手。

然而，真是如此吗？

光凭着悍勇或许能够做一个冲锋陷阵、斩将夺旗的死士，却不可能成为能够指挥数万大军战无不胜的大将。如果说只是一味任人唯亲甚至包庇亲人的汉武帝，又怎么可能成为在历史上留下浓墨重彩的伟大君王呢？

实际上，默许了霍去病杀人的刘彻明白，这一箭，代表着整个西汉王朝军队体系中新老势力的决裂，以李广等老将为主体的老派将军们已经成为了军事革新中不得不动却又不好处理的顽固阻碍。战前就多次公然顶撞大将军卫青军事部署命令的老将李广，已经很难改变自身的思维模式和军事视野，并且，这些确实为王朝付出了一生的老将们，也并不想要让自己融入新的世界。

霍去病杀死李敢，其实并不仅仅是为了报舅舅卫青被刺私仇，因为他明白，如果在军中，当场行刺主帅的行为，是必当死罪的。何况，刺杀卫青这件事本身，如果成功，极有可能令刚刚获胜的汉军本身，出现极大的混乱，甚至导致整个对匈战争的成果，功亏一篑。

李敢那一剑，并不仅仅是砍向卫青，而是斩向了整个西汉王朝的根基。他出手的那一刻，丝毫没有考虑过这件事的后果，如果卫青身死，汉军混乱，甚至极有可能引发整个朝堂之上新老势力的激烈冲突和对抗。到那个时候，已经被赶到漠北的匈奴们，完全有可能重整旗鼓，借着王朝内乱的时机，死灰复燃。

到了那个时候，那一位位背井离乡、葬身塞外的和亲女子，芳魂何处安息？数十万将士埋骨大漠、魂归异乡，他们的热血如何冷却？这样一位只因一己私愤，而置几代人的梦想和付出于不顾的统军将领，早晚也会因为各种各样的原因，葬送更多的生命。

与其如此，还不如亲手了结这个跟随着自己、转战大漠的老将之子。毕竟这件事，自己的舅舅卫青作为当事人并不打算再去追究，那么将来极有可能，会有更多的李敢，去不断地破坏和伤害。那么这件事情就自己做吧！自己愿意付出一生，去守护的王朝和梦想。

李敢作为李广之子，但不像他的父亲那般固执，他有着李广的悍勇，还能够出色地接受新鲜的军事体系和战略战术，但就是这样一位继承着老将的名望和资历的名将，却不能妥善地控制自己的情绪，那么早晚有一天，会成为整个军队中的毒瘤。

在霍去病看来，这与忠诚无关，一个失控的士兵能够砍伤几个同僚，而一个失控的将军，则极有可能，覆灭一支军队甚至颠覆一代王朝。在大战之后，王朝和军队都需要足够的稳定，这样一个其他人难以处理的不安定因素，就由自己，亲自来解决掉吧。

反正，霍去病也从来没把所谓的资历，所谓的名门之后，所谓的做事留下余地放在眼里，在他看来，一个士兵，杀敌，是责任，立功，是奖励；一个将领，守护好黎民苍生，保证王朝稳定，是不可逃避的责任。任何一场战争中，任何一个因素都需要为了胜利付出一切，其他的东西，全都没有价值。

现在，李敢不再是一个为国拼杀的将领了，他只是破坏王朝的罪人。那么在这个孤独而偏激的少年将军眼中，罪人，就要为他的行为付出血的代价。

李敢之死，和汉武帝随后的处置方式，向满朝文武释放了一个信号——光辉而尊贵的荣耀，不会凭借祖上的付出而得到，只有锋利的刀剑和勇敢的心，才是最牢靠的资历。

作为帝王的刘彻，借此机会，震慑了朝野上下舍不得传统荣光的一切舆论势力。他为了包庇霍去病而找出的蹩脚理由，在淋漓的鲜血面前，一点都不可笑；而霍去病，也甘心成为这个伟大君王手中最为锋利的刀，对外，斩将夺旗，纵横沙场；对内，则令那些时刻嚷嚷着祖上曾经阔过的贵族子弟们，闻风丧胆。

大势一旦形成，就如这个汉字本身一般，本身便具备了足够的执行力和无坚不摧的惯性。而李敢，则在这股新老交替的滚滚洪流中，粉身碎骨，冤死甘泉。

到底为什么英年早逝？

似乎是匈奴人夜以继日的哀嚎和诅咒发挥了效果，公元前117年，霍去病这把帝国最为锋锐的利刃，一病不起，命丧黄泉，时年，仅二十四岁。

汉武大帝的悲伤无从寄托，一处形似祁连山的墓穴修建了起来，希望能够借以纪念这位少年将军开疆拓土、追亡逐北的不世功勋。然而，出身军旅、身强体壮的少年，到底为什么如此脆弱？一场什么样的疾病，就轻易地夺走了他的性命呢？

这位少年，出身私生，长在锦绣长安，原本并没有品尝过生活的辛酸，却为了追逐梦想远赴大漠，勇气可嘉。但多年的军旅生涯，自然也就给他留下了不可磨灭的伤痕，但是，仅仅是风沙的侵蚀，似乎并不足以将这个纵横千里的将军击倒。

其实，真正让霍去病郁结于心，最终一病不起的，或许恰恰是此时朝堂之上的明争暗斗、阴谋诡计，与他的梦想产生了激烈的碰撞。

可以铁血杀敌的少年却并不善于倾吐自己的心事，当他愕然发现，整个朝堂之上，居然在军事胜利的大好局面之下，开始了利益集团的角力之时，他的梦想，破灭了，他的心，也就碎了。

舅舅卫青谦恭仁厚，从不养士结党，不参与朝堂斗争，只是安心备战，但卫青背后所代表的庞大家族和势力，却并不会如同他一般勤恳忠诚。他们需要为自己所代表的利益集团谋得利益，而卫青不断地退避，也未能就此脱离政治的漩涡。

对于君王来说，一个伟大的将领可以为国家构建一座座坚不可摧的堡垒，可以用剑来来赢得土地，然而当这个将领的背后有一个庞大而复杂的利益集团时，他的一切都将会改变。毕竟，足够强大的军事指挥权和擅长阴谋诡计的门客，能够形成颠覆王朝的强大力量。

于是刘彻不断地提拔和重用霍去病，因为他的麾下尽是些匈奴降将和毫无根基背景之人。简言之，在皇帝眼中。政治上的霍去病，是孤独的。当刘彻开始提防庞大的卫氏家族时，霍去病也就不幸成为了在军事体系中制衡自己舅舅的最佳人选。

卫青虽然无奈，但是骑奴出身的他有着足够的心理承受能力来面对这个残酷的现实，而霍去病，却并不能够完全接受这勾心斗角的政治手腕。

他只懂得杀敌，他只愿意拼杀在战场上，他讨厌传统，讨厌一切拐弯抹角的朝堂暗战。他只是觉得，亲人之间，应当坦诚相助，袍泽之间，可以将后背托付。

于是霍去病在这场暗战中稀里糊涂地被别人利用了。一向只是统军征战的他，莫名其妙地连续向武帝上疏，请刘彻封皇子刘闳、刘旦、刘胥三人为诸侯王，并提出了诸侯王还是应该早去封地。

> 大司马臣去病昧死再拜上疏皇帝陛下：陛下过听，使臣去病待罪行间。宜专边塞之思虑，暴骸中野无以报，乃敢惟他议以干用事者，诚见陛下忧劳天下，哀怜百姓以自忘，亏膳贬乐，损郎员。皇子赖天，能胜衣趋拜，至今无号位师傅官。陛下恭让不恤，群臣私望，不敢越职而言。臣窃不胜犬马心，昧死原陛下诏有司，因盛夏吉时定皇子位。唯陛下幸察。臣去病昧死再拜以闻皇帝陛下。
>
> ——《史记》

并没有看明白这其中原委的霍去病并不知道他的这次上疏到底代表了什么,但自小从残酷的政治斗争中成长起来的刘彻则早就看清,如果三位王子被派往封地,最直接的受益者,就是当前的太子——刘据。

而刘据,正是卫子夫的儿子。他的背后,代表了一个盘根错节、枝繁叶茂的庞大利益集团。怀疑一切的君王到了此时,终于觉得当初自己一手提拔起来,用以制衡卫氏家族的霍去病,已经走到了他无法控制的地步。

从高祖刘邦时代起,吕氏乱政而导致的国家混乱让之后的历代汉帝警惕异常。外戚这个敏感而复杂的身份,成为了君王心里一根难以拔除的钉子。哪怕当初自己选择了一个歌女出身的卫子夫成为皇后,让平阳侯府母凭子贵,也没有想到现在居然莫名其妙地失控了。看到卫青与曾经的主人平阳公主成婚,一个在军政两端都有着巨大影响力的外戚,蓦然成型,君王坐不住了。

卫青小心谨慎地回避着纷乱复杂的朝堂权力斗争,而他强韧的心理承受能力让他能够淡然地面对君王的猜忌和抑制。但是,年轻气盛的霍去病,却不能。

当霍去病发现自己的上疏产生了自己根本没有想象到的巨大影响之后,他焦虑不堪,突然发现,那位和自己同父异母的兄弟——霍光,似乎也糊里糊涂地卷入了这场尔虞我诈的权力斗争之中。

被命运不断愚弄的霍去病心情沉重,他忽然举目,似乎看到了无数刀光剑影,这强大的压力,居然并不是来自那片草原,而是来自金碧辉煌的锦绣长安。

一时间,他似是有些恍惚了。一个偏激而固执,不停地和秩序与传统抗争的少年,居然发现自己竟然也不过是这所谓秩序和传统的组成部分之一罢了。简简单单的少年梦想，就这样粉碎在欲望和权力的铜墙铁壁面前，他难以接受，也无人倾诉。

一个孤独的少年面对草原大漠中的腥风血雨和明枪暗箭，他面不改色，不曾退缩，但当来自最亲密的家族的算计，和愿意为之赴死的君王的猜疑和利用扑面而来时，他彷徨了，毕竟这时，他只是一个二十多岁的年轻人。

塞外的风沙和匈奴人的利刃在他的肉体上，留下了纵横交错、刀刀见骨的伤口，而长安城里的冰冷王朝，却在他的心上，刺出了最为致命的一剑。

当自己为之守护的王朝变了味道，少年很难过，因为之后的每一夜，他或许都能够看到那些埋骨他乡的忠魂；当自己为之奋战的梦想成了别人的工具，少年很心痛，因为，随着梦想一道破碎的，是自己的信念，与灵魂。

虽然漠北的风很冷，但是并不足以击倒一个勇猛而固执的将军；虽然鲜血流淌的足够多，但这塞外的如刀罡风，总会停息。长安的风很轻，但是却旷日之久地吹个不停，至少偏激而孤独的少年不知道如何让它停止，反而在这燥热的风中，干枯了自己的心灵和生命。

那一年，他似乎是累了，倦了，再也没有力气来拿起那把浸透了鲜血的刀锋，斩断面前的荆棘了，刺破沉重的乌云了。一个与整个世界拼死战斗了一辈子的少年，闭上了眼睛，只留下了那一句声嘶力竭地呐喊：

匈奴未灭，何以家为！

那个能够温暖和抚慰伤痕的家，确实不知，能在何时，出现在何地。

转战玉门三千里，剑寒河西十九州——霍去病

　　骠骑将军自四年军后三年，元狩六年而卒。天子悼之，
发属国玄甲军，陈自长安至茂陵，为冢象祁连山。

——《史记》